E.T.A. Hoffmann

Der Dichter und Musiker **E.T.A. Hoffmann**, *ein Vertreter der Spätromantik, wurde am 24.1.1776 in Königsberg geboren und starb am 25.6.1822 in Berlin. Hoffmann war Jurist und als solcher auch Assessor und Regierungsrat in den Städten Posen, Plock und Berlin. Weiters war er Musikdirektor in Bamberg und Kapellmeister in Leipzig und Dresden. Hoffmann war sehr vielseitig, er war auch zeichnerisch begabt. Als Musiker trat er für Bach und Beethoven ein. Hoffmann komponierte sogar; bekannt ist seine Oper* UNDINE *(1816).*

E.T.A. Hoffmann verbindet in seinen Werken romantische und realistische Elemente. Typisch für ihn sind geheimnisvolle, magische und gruselige Elemente. Als Romantiker ist er als ein Dichter des Wunderbaren bekannt.

Das phantastisch - märchenhafte Element nimmt in seinem 4-bändigen Werk FANTASIESTÜCKE IN CALLOTS MANIER *(1814 - 15) einen wichtigen Platz ein. In dieser Sammlung finden sich unter anderem die Erzählungen* RITTER GLUCK, DON JUAN *und* DER GOLDENE TOPF. *In dem Roman* DIE ELEXIERE DES TEUFELS *(1815 - 16) kommt besonders das grauenvolle und gespenstische Element zum Tragen. Die bedeutendste Sammlung von Erzählungen und Märchen ist* DIE SERAPIONS-BRÜDER *(4 Bände 1819 - 21). Diese Sammlung enthält u.a. die zwei vorliegenden Märchen* DAS FREMDE KIND *und* NUßKNACKER UND MAUSEKÖNIG.

Sowohl **Das fremde Kind** *als auch* **Nußknacker und Mausekönig** *tragen den Übertitel* Kindermärchen. *Zum besseren Verständnis dieser Märchen ist es wichtig, den literaturgeschichtlichen Hintergrund zu kennen. Die Entstehung der Märchen fällt in die Zeit zwischen 1770 und 1830, in der sich die bürgerliche Kinderliteratur neu formiert. Die Grundlage ist die Institutionalisierung der Kindheit, die für die bürgerliche Gesellschaft des 19. Jahrhunderts typisch ist. Das soziale Leben ändert sich grundlegend, das familiäre Leben steht im Gegensatz zum öffentlichen - gesellschaftlichen Leben. Damit verbunden ist die Bildung einer eigenständigen Kindheitssphäre. Die Romantik bringt nun diese Kindheit mit einer fernen Vergangenheit in Verbindung, für die eine magische Auffassung der Wirklichkeit typisch ist.*

Das Nußknacker - Märchen *hat einen eher undurchsichtigen Aufbau. Die skurrilen und grotesken Elemente kommen besonders in der Figur des Paten Droßelmeier zum Ausdruck. Von den schaurigen Elementen, die Hoffmann für die Beschreibung des vielköpfigen Mausekönigs verwendet, bekommen nicht nur Kinder eine Gänsehaut. Im Ansatz ist dieses Märchen auch eine Satire auf den Absolutismus und das höfische Leben.*

Im Märchen Das fremde Kind *ist der Aufbau und das Vokabular einfacher. Teilweise handelt es sich bei diesem Märchen um eine Satire auf bestehende Erziehungspraktiken. Die zwei glücklichen Kinder Christlieb und Felix sind nämlich mehr mit den Tieren und Pflanzen des Waldes vertraut als mit den Wissenschaften der Schule. Im Märchen* Das fremde Kind *sind die skurrilen Elemente eingeschränkt und die freundliche Seite des Wunderbaren steht stärker im Vordergrund.*

DAS FREMDE KIND

DER HERR VON BRAKEL AUF BRAKELHEIM

Es war einmal ein Edelmann, der hieß Herr Thaddäus von Brakel und wohnte in dem kleinen Dörfchen Brakelheim, das er von seinem verstorbenen Vater dem alten Herrn von Brakel geerbt hatte, und das mithin sein Eigentum war. Die vier Bauern, die außer ihm noch in dem Dörfchen wohnten, nannten ihn den gnädigen Herrn, unerachtet er wie sie, mit schlicht ausgekämmten Haaren einherging und nur sonntags, wenn er mit seiner Frau und seinen beiden Kindern, Felix und Christlieb geheißen, nach dem benachbarten großen Dorfe zur Kirche fuhr, statt der groben Tuchjacke, die er sonst trug, ein feines grünes Kleid und eine rote Weste mit goldenen Tressen anlegte, welches ihm recht gut stand. Eben dieselben Bauern pflegten auch, fragte man sie: „Wo komme ich denn hin zum Herrn von Brakel?", jedesmal zu antworten: „Nur immer vorwärts durch das Dorf den Hügel herauf, wo die Birken stehen, da ist des gnädigen Herrn sein Schloß!" Nun weiß doch aber jedermann, daß ein Schloß ein großes hohes Gebäude sein muß mit vielen Fenstern und Türen, ja wohl gar mit Türmen und funkelnden Windfahnen, von dem allen war aber auf dem Hügel mit den Birken gar nichts zu spüren, vielmehr stand da nur ein niedriges Häuschen mit wenigen kleinen Fenstern, das man kaum früher als dicht davor angekommen, erblicken konnte. Geschieht es aber wohl, daß man vor dem hohen Tor eines großen Schlosses plötzlich stille steht und, angehaucht von der herausströmenden eiskalten Luft, angestarrt von den toten Augen der seltsamen Steinbilder, die wie grauliche Wächter sich an die Mauer lehnen, alle Lust verliert hineinzugehen, sondern lieber umkehrt, so war das bei dem kleinen Hause des Herrn Thaddäus von Brakel ganz und gar nicht der Fall. Hatten nämlich schon im Wäldchen die schönen schlanken Birken mit ihren belaubten Ästen, wie mit zum Gruß ausgestreckten Armen uns freundlich zugewinkt, hatten sie im frohen Rauschen und Säuseln uns zugewispert: „Willkommen, willkommen unter uns!", so war es denn nun vollends bei dem Hause, als riefen holde Stimmen aus den spiegelhellen Fenstern, ja überall aus dem dunklen dicken Weinlaube, das die Mauern bis zum Dach herauf bekleidete, süßtönend heraus: „Komm doch nur herein, komm doch nur herein, du lieber müder Wanderer, hier ist es gar hübsch und gastlich!" Das bestätigten denn auch die, Nest hinein, Nest hinaus, lustig zwitschernden Schwalben und der alte stattliche Storch schaute ernst und klug vom Rauchfange herab und sprach: „Ich wohne nun schon manches liebe Jahr hindurch zur Sommerszeit hier, aber ein besseres Logement finde ich nicht auf Erden, und könnte ich nur die mir angeborne Reiselust bezwingen, wär's nur nicht zur Winterszeit hier so kalt und das Holz so teuer, niemals rührt' ich mich von der Stelle." - So anmutig und hübsch, wenn auch gleich gar kein Schloß, war das Haus des Herrn von Brakel.

Die Frau von Brakel stand eines Morgens sehr früh auf und buk einen Kuchen, zu dem sie viel mehr Mandeln und Rosinen verbrauchte als selbst zum Osterkuchen, weshalb er auch viel herrlicher geriet als dieser. Während dessen klopfte und bürstete der Herr von Brakel seinen grünen Rock und seine rote Weste aus und Felix und Christlieb wurden mit den besten Kleidern angetan, die sie nur besaßen. „Ihr dürft", so sprach dann der Herr von Brakel zu den Kindern, „ihr dürft heute nicht herauslaufen in den Wald wie sonst, sondern müßt in der Stube ruhig sitzen bleiben, damit ihr sauber und hübsch ausseht, wenn der gnädige Herr Onkel kommt!" - Die Sonne war hell und freundlich aufgetaucht aus dem Nebel und strahlte golden hinein in die Fenster, im Wäldchen sauste der Morgenwind und Fink und Zeisig und Nachtigall jubilierten durcheinander und schmetterten die lustigsten Liedchen. Christlieb saß still und in sich gekehrt am Tische; bald zupfte sie die roten Bandschleifen an ihrem Kleidchen zurecht, bald versuchte sie emsig fortzustricken, welches heute nicht recht gehen wollte. Felix, dem der Papa ein schönes Bilderbuch in die Hände gegeben, schaute über die Bilder hinweg nach dem schönen Birkenwäldchen, in dem er sonst jeden Morgen ein paar Stunden nach Herzenslust herumspringen durfte. „Ach draußen ist's so schön", seufzte er in sich hinein, doch als nun vollends der große Hofhund, Sultan geheißen, klaffend und knurrend vor dem Fenster herumsprang, eine Strecke nach dem Walde hinlief, wieder umkehrte und aufs neue knurrte und bellte, als wolle er dem kleinen Felix zurufen: „Kommst du denn nicht heraus in den Wald? was machst du denn in der dumpfigen Stube?", da konnte sich Felix gar nicht lassen vor Ungeduld. „Ach liebe Mama, laß mich doch nur ein paar Schritte hinausgehen!" So rief er laut, aber die Frau von Brakel erwiderte: „Nein nein, bleibe nur fein in der Stube. Ich weiß schon wie es geht, sowie du hinausläufst, muß Christlieb hinterdrein und dann husch husch durch Busch und Dorn, hinauf auf die Bäume! Und dann kommt ihr zurück erhitzt und beschmutzt und der Onkel sagt: Was sind das für häßliche Bauernkinder, so dürfen keine Brakels aussehen, weder große noch kleine." Felix klappte voll Ungeduld das Bilderbuch zu, und sprach, indem ihm die Tränen in die Augen traten, kleinlaut: „Wenn der gnädige Herr Onkel von häßlichen Bauernkindern redet, so hat er wohl nicht Vollrads Peter oder Hentschels Annliese oder alle unsere Kinder hier im Dorfe gesehen, denn ich wüßte doch nicht, wie es hübschere Kinder geben sollte als diese." „Ja wohl", rief Christlieb, wie plötzlich aus einem Traume erwacht, „und ist nicht auch des Schulzen Grete ein hübsches Kind, wiewohl sie lange nicht solche schöne rote Bandschleifen hat als ich." „Sprecht nicht solch dummes Zeug", rief die Mutter halb erzürnt, „ihr versteht das nicht, wie es der gnädige Onkel meint -" Alle weitere Vorstellungen, wie es grade heute gar zu herrlich im Wäldchen sei, halfen nichts, Felix und Christlieb mußten in der Stube bleiben und das war um so peinlicher, als der Gastkuchen, der auf dem Tische stand, die süßesten Gerüche verbreitete und doch nicht früher angeschnitten werden durfte bis der Onkel angekommen. „Ach wenn er doch nur käme, wenn er doch nur endlich käme!" so riefen beide Kinder und weinten beinahe vor Ungeduld. Endlich ließ sich ein starkes Pferdegetrappel vernehmen, und eine Kutsche fuhr vor, die so blank und mit goldenen Zieraten reich geschmückt war, daß die Kinder in das größte Erstaunen gerieten, denn sie hatten dergleichen noch gar nicht gesehen. Ein großer hagerer Mann glitt an den Armen des Jägers, der den Kutschenschlag geöffnet, heraus in die Arme des Herrn von Brakel, an dessen Wange er zweimal sanft die seinige legte und leise lispelte: „Bon jour mein lieber Vetter, nur gar keine Umstände, bitte ich." Unterdessen hatte der Jäger noch eine kleine dicke Dame mit sehr roten Backen und zwei Kinder, einen Knaben und ein Mädchen, aus der Kutsche zur Erde hinabgleiten lassen, welches er sehr geschickt zu machen wußte, so daß jeder auf die Füße zu stehen kam. Als sie nun alle standen, traten, wie es ihnen von Vater und Mutter eingeschärft worden, Felix und Christlieb hinzu, faßten jeder eine Hand des langen hagern Mannes und sprachen dieselbe küssend: „Sein Sie uns recht schön willkommen, lieber gnädiger Herr Onkel!" Dann machten sie es mit den Händen der kleinen dicken Dame ebenso und sprachen: „Sein Sie uns recht schön willkommen, liebe gnädige Frau Tante!" Dann traten sie zu den Kindern, blieben aber ganz verblüfft stehen, denn solche Kinder hatten sie noch niemals gesehen. Der Knabe trug lange Pumphosen und ein Jäckchen von scharlachrotem Tuch über und über mit goldenen Schnüren und Tressen besetzt und einen kleinen blanken Säbel an der Seite, auf dem Kopf aber eine seltsame rote Mütze mit einer weißen Feder, unter der er mit seinem blaßgelben Gesichtchen und den trüben schläfrigen Augen blöd und scheu hervorkuckte. Das Mädchen hatte zwar ein weißes Kleidchen an wie Christlieb, aber mit erschrecklich viel Bändern und Spitzen, auch waren ihre Haare ganz seltsam in Zöpfe geflochten und spitz in die Höhe heraufgewunden, oben funkelte aber ein blankes Krönchen. Christlieb faßte sich ein Herz und wollte die Kleine bei der Hand nehmen, die zog aber die Hand schnell zurück und zog solch ein verdrüßliches weinerliches Gesicht, daß Christlieb ordentlich davor erschrak und von ihr abließ. Felix wollte auch nur des Knaben schönen Säbel ein bißchen näher besehen und faßte darnach, aber der Junge fing an zu schreien: „Mein Säbel, mein Säbel, er will mir den Säbel nehmen", und lief zum hagern Mann, hinter den er sich versteckte. Felix wurde darüber rot im Gesicht und sprach ganz erzürnt: „Ich will dir ja deinen Säbel nicht nehmen - dummer Junge!" Die letzten Worte murmelte er nur so zwischen den Zähnen, aber der Herr von Brakel hatte wohl alles gehört und schien sehr verlegen darüber zu sein, denn er knöpfelte an der Weste hin und her und rief: "Ei Felix!" Die dicke Dame sprach: „Adelgundchen, Hermann, die Kinder tun euch ja nichts, seid doch nicht so blöde"; der hagere Herr lispelte aber: „Sie werden schon Bekanntschaft machen", ergriff die Frau von Brakel bei der Hand und führte sie ins Haus, ihr folgte Herr von Brakel mit der dicken Dame, an deren Schleppkleid sich Adelgundchen und Hermann hingen. Christlieb und Felix gingen hinterdrein. „Jetzt wird der Kuchen angeschnitten", flüsterte Felix der Schwester ins Ohr. „Ach ja, ach ja", erwiderte diese voll Freude, „und dann laufen wir auf und davon in den Wald", fuhr Felix fort, „und bekümmern uns um die fremden blöden Dinger nicht", setzte Christlieb hinzu. Felix machte einen Luftsprung, so kamen sie in die Stube. Adelgunde und Hermann durften keinen Kuchen essen, weil sie, wie die Eltern sagten, das nicht vertragen könnten, sie erhielten dafür jeder einen kleinen Zwieback, den der Jäger aus einer mitgebrachten Schachtel herausnehmen mußte. Felix und Christlieb bissen tapfer in das derbe Stück Kuchen, das die gute Mutter jedem gereicht, und waren guter Dinge.

WIE ES WEITER BEI DEM VORNEHMEN BESUCHE HERGING

Der hagere Mann, Cyprianus von Brakel geheißen, war zwar der leibliche Vetter des Herrn Thaddäus von Brakel, indessen weit vornehmer als dieser. Denn außerdem daß er den Grafentitel führte, trug er auch auf jedem Rock, ja sogar auf dem Pudermantel, einen großen silbernen Stern. Deshalb hatte, als er schon ein Jahr früher, jedoch ganz allein ohne die dicke Dame, die seine Frau war, und ohne die Kinder, bei dem Herrn Thaddäus von Brakel seinem Vetter auf eine Stunde einsprach, Felix ihn auch gefragt: „Hör' mal gnädiger Herr Onkel, du bist wohl König geworden?" Felix hatte nämlich in seinem Bilderbuche einen abgemalten König, der einen dergleichen Stern auf der Brust trug, und so mußte er wohl glauben, daß der Onkel nun auch König geworden sei, weil er das Zeichen trug. Der Onkel hatte damals sehr über die Frage gelacht und geantwortet: „Nein mein Söhnchen, König bin ich nicht, aber des Königs treuster Diener und Minister, der über viele Leute regiert. Gehörtest du zu der Gräflich von Brakelschen Linie, so könntest du vielleicht auch künftig solch' einen Stern tragen wie ich, aber so bist du freilich nur ein simpler Von, aus dem nicht viel Rechtes werden wird." Felix hatte den Onkel gar nicht verstanden und Herr Thaddäus von Brakel meinte, das sei auch gar nicht vonnöten. - Jetzt erzählte der Onkel seiner dicken Frau, wie ihn Felix für den König gehalten, da rief sie: „O süße liebe rührende Unschuld!" Und nun mußten beide, Felix und Christlieb, hervor aus dem Winkel, wo sie unter Kichern und Lachen den Kuchen verzehrt hatten. Die Mutter säuberte beiden sogleich den Mund von manchen Kuchenkrumen und Rosinenresten und übergab sie so dem gnädigen Onkel und der gnädigen Tante, die sie unter

lauten Ausrufungen: „O süße liebe Natur! o ländliche Unschuld!" küßten und ihnen große Tüten in die Hände drück-
ten. Dem Herrn Thaddäus von Brakel und seiner Frau standen die Tränen in den Augen über die Güte der vornehmen
Verwandten. Felix hatte indessen die Tüte geöffnet und Bonbons darin gefunden, auf die er tapfer zubiß, welches ihm
Christlieb sogleich nachmachte. „Söhnchen, mein Söhnchen",
rief der gnädige Onkel, „so geht das nicht, du verdirbst dir ja
die Zähne, du mußt fein so lange an dem Zuckerwerke lutschen, bis es im Munde zergeht." Da lachte aber Felix beinahe laut auf und sprach: „Ei lieber gnädiger Onkel, glaubst du
denn, daß ich ein kleines Wickelkind bin und lutschen muß,
weil ich noch keine tüchtige Zähne habe zum Beißen?" Und
damit steckte er ein neues Bonbon in den Mund und biß so
gewaltig zu, daß es knitterte und knatterte. „O liebliche Nai-
vität", rief die dicke Dame, der Onkel stimmte ein, aber dem
Herrn Thaddäus standen die Schweißtropfen auf der Stirne; er
war über Felixens Unart ganz beschämt und die Mutter raunte
ihm ins Ohr: „Knirsche nicht so mit den Zähnen unartiger
Junge!" Das machte den armen Felix, der nichts Übles zu tun
glaubte, ganz bestürzt, er nahm das noch nicht ganz verzehrte
Bonbon langsam aus dem Munde, legte es in die Tüte und
reichte diese dem Onkel hin, indem er sprach: „Nimm nur
deinen Zucker wieder mit, wenn ich ihn nicht essen soll!"
Christlieb, gewohnt in allem Felixens Beispiel zu folgen, tat
mit ihrer Tüte dasselbe. Das war dem Herrn Thaddäus zu arg,
er brach los: „Ach mein geehrtester gnädiger Herr Vetter, halten Sie nur dem einfältigen Jungen die Tölpelei zu Gute, aber
freilich auf dem Lande und in so beschränkten Verhältnissen -
Ach wer nur solche gesittete Kinder erziehen könnte wie Sie!"
- Der Graf Cyprianus lächelte selbstgefällig und vornehm,
indem er auf Hermann und Adelgunden hinblickte. Die hatten längst ihren Zwieback verzehrt und saßen nun stumm
und still auf ihren Stühlen, ohne eine Miene zu verziehen,
ohne sich zu rühren und zu regen. Die dicke Dame lächelte
ebenfalls, indem sie lispelte: „Ja lieber Herr Vetter, die Erzie-
hung unserer lieben Kinder liegt uns mehr als alles am Herzen." Sie gab dem Grafen Cyprianus einen Wink, der sich alsbald an Hermann und Adelgunden wandte und allerlei Fragen
an sie richtete, die sie mit der größten Schnelligkeit beantwor-
teten: Da war von vielen Städten, Flüssen und Bergen die
Rede, die viele tausend Meilen ins Land hinein liegen sollten
und die seltsamsten Namen trugen. Ebenso wußten beide
ganz genau zu beschreiben, wie die Tiere aussähen, die in
wilden Gegenden der entferntesten Himmelsstriche wohnen
sollten. Dann sprachen sie von fremden Gebüschen, Bäumen
und Früchten, als ob sie sie selbst gesehn, ja wohl die Früchte
selbst gekostet hätten. Hermann beschrieb ganz genau, wie es
vor dreihundert Jahren in einer großen Schlacht zugegangen,
und wußte alle Generale, die dabei zugegen gewesen, mit
Namen zu nennen. Zuletzt sprach Adelgunde sogar von den

Sternen und behauptete, am Himmel säßen allerlei seltsame Tiere und andere Figuren. Dem Felix wurde dabei ganz angst und bange, er näherte sich der Frau von Brakel und fragte leise ins Ohr: „Ach Mama! liebe Mama! was ist denn das alles, was die dort schwatzen und plappern?" „Halts Maul dummer Junge", raunte ihm die Mutter zu, „das sind die Wissenschaften!" Felix verstummte. „Das ist erstaunlich, das ist unerhört! in dem zarten Alter!" so rief der Herr von Brakel einmal über das andere, die Frau von Brakel aber seufzete: „O mein Herr Jemine! o was sind das für Kinder, nein was sind das für Engel! o was soll denn aus unsern Kleinen werden, hier auf dem öden Lande." Als nun der Herr von Brakel in die Klagen der Mutter mit einstimmte, tröstete beide der Graf Cyprianus, indem er versprach, binnen einiger Zeit ihnen einen gelehrten Mann zuzuschicken, der ganz umsonst den Unterricht der Kinder übernehmen werde. Unterdessen war die schöne Kutsche wieder vorgefahren. Der Jäger trat mit zwei großen Schachteln hinein, die nahmen Adelgunde und Hermann und überreichten sie der Christlieb und dem Felix. „Lieben Sie Spielsachen mon cher? hier habe ich Ihnen welche mitgebracht von der feinsten Sorte", so sprach Hermann sich zierlich verbeugend. Felix hatte die Ohren hängen lassen, er ward traurig, selbst wußte er nicht warum. Er hielt die Schachtel gedankenlos in den Händen und murmelte: „Ich heiße nicht Mon schär sondern Felix und auch nicht sie sondern du." - Der Christlieb war auch das Weinen näher als das Lachen, unerachtet aus der Schachtel, die sie von Adelgunden erhalten, die süßesten Düfte strömten wie von allerlei schönen Näschereien. An der Türe sprang und bellte nach seiner Gewohnheit Sultan, Felixens getreuer Freund und Liebling, Hermann entsetzte sich aber so sehr vor dem Hunde, daß er schnell in die Stube zurücklief und laut zu weinen anfing. „Er tut dir ja nichts", sprach Felix, „er tut dir ja nichts, warum heulst und schreist du so? es ist ja nur ein Hund, und du hast ja schon die schrecklichsten Tiere gesehn? Und wenn er auch auf dich zufahren wollte, du hast ja einen Säbel?" Felixens Zureden half gar nichts, Hermann schrie immerfort, bis ihn der Jäger auf den Arm nehmen und in die Kutsche tragen mußte. Adelgunde plötzlich von dem Schmerz des Bruders ergriffen oder Gott weiß aus welcher andern Ursache fing ebenfalls an heftig zu heulen, welches die arme Christlieb so anregte, daß sie auch zu schluchzen und zu weinen begann. Unter diesem Geschrei und Gejammer der drei Kinder fuhr der Graf Cyprianus von Brakel ab von Brakelheim, und so endete der vornehme Besuch.

DIE NEUEN SPIELSACHEN

Sowie die Kutsche mit dem Grafen Cyprianus von Brakel und seiner Familie den Hügel herabgerollt war, warf der Herr Thaddäus schnell den grünen Rock und die rote Weste ab, und als er ebenso schnell die weite Tuchjacke angezogen und zwei- bis dreimal mit dem breiten Kamm die Haare durchfahren hatte, da holte er tief Atem, dehnte sich und rief: „Gott sei gedankt!" Auch die Kinder zogen schnell ihre Sonntagsröckchen aus und fühlten sich froh und leicht. „In den Wald, in den Wald!" rief Felix, indem er seine höchsten Luftsprünge versuchte. „Wollt ihr denn nicht erst sehen, was euch Hermann und Adelgunde mitgebracht haben?" So sprach die Mutter, und Christlieb, die schon während des Ausziehens die Schachteln mit neugierigen Augen betrachtet hatte, meinte, daß das wohl erst geschehen könne, nachher sei es ja wohl noch Zeit genug, in den Wald zu laufen. Felix war sehr schwer zu überreden. Er sprach: „Was kann uns denn der alberne pumphosigte Junge mitsamt seiner behänderten Schwester Großes mitgebracht haben. Was die Wissenschaften betrifft, i nun die plappert er gut genug weg, aber erst schwatzt er von Löw und Bär und weiß, wie man die Elefanten fängt, und dann fürchtet er sich vor meinem Sultan, hat einen Säbel an der Seite und heult und schreit und kriecht unter den Tisch. Das mag mir ein schöner Jäger sein!" „Ach lieber guter Felix laß uns doch nur ein ganzes kleines bißchen die Schachteln öffnen!" So bat Christlieb und da ihr Felix alles nur mögliche zu Gefallen tat, so gab er das In-den-Wald-Laufen vor der Hand auf und setzte sich mit Christlieb geduldig an den Tisch, auf dem die Schachteln standen. Sie wurden von der Mutter geöffnet, aber da - Nun, o meine vielgeliebten Leser! Euch allein ist es gewiß schon so gut geworden, zur Zeit des fröhlichen Jahrmarkts oder doch gewiß zu Weihnachten von den Eltern oder andern lieben Freunden mit allerlei schmucken Sachen reichlich beschenkt zu werden. Denkt euch, wie ihr vor Freude jauchztet, als blanke Soldaten, komische Männchen mit Drehorgeln, schön geputzte Puppen, zierliche Gerätschaften, herrliche bunte Bilderbücher u.a.m. um euch lagen und standen. Solche große Freude wie ihr damals hatten jetzt Felix und Christlieb, denn eine ganz reiche Bescherung der niedlichsten glänzendsten Sachen ging aus den Schachteln hervor, und dabei gab es noch allerlei Naschwerk, so daß die Kinder einmal über das andere die Hände zusammenschlugen und ausriefen: „Ei wie schön ist das!" Nur eine Tüte mit Bonbons legte Felix mit Verachtung bei Seite, und als Christlieb bat, den gläsernen Zucker doch wenigstens nicht zum Fenster heraus zu werfen, wie er es eben tun wollte, ließ er zwar davon ab, öffnete aber die Tüte und warf einige Bonbons dem Sultan hin, der indessen hineingeschwänzelt war. Sultan roch daran und wandte dann unmutig die Schnauze weg. „Siehst du wohl Christlieb", rief Felix nun triumphierend, „siehst du wohl, nicht einmal Sultan mag das garstige Zeug fressen." Übrigens machte dem Felix von den Spielsachen nichts mehr Freude als ein stattlicher Jägersmann der, wenn man ein kleines Fädchen, das hinten unter seiner Jacke hervorragte, anzog, die Büchse anlegte und in ein Ziel schoß, das drei Spannen weit vor ihm angebracht war. Nächstdem

9

schenkte er seine Liebe einem kleinen Männchen, das Komplimente zu machen verstand und auf einer Harfe quinkelierte,
wenn man an einer Schraube drehte; vor allen Dingen gefiel
ihm aber eine Flinte und ein Hirschfänger, beides von Holz
und übersilbert, sowie eine stattliche Husarenmütze und eine
Patrontasche. Christlieb hatte große Freude an einer sehr schön
geputzten Puppe und einem saubern vollständigen Hausrat.
Die Kinder vergaßen Wald und Flur und ergötzten sich an
den Spielsachen bis in den späten Abend hinein. Dann gingen sie zu Bette.

WAS SICH MIT DEN NEUEN SPIELSACHEN IM WALDE ZUTRUG

Tages darauf fingen die Kinder es wieder da an, wo sie es
abends vorher gelassen hatten: das heißt, sie holten die
Schachteln herbei, kramten ihre Spielsachen aus und ergötzten sich daran auf mancherlei Weise. Ebenso wie gestern schi-
en die Sonne hell und freundlich in die Fenster hinein, wisperten und lispelten die vom sausenden Morgenwind begrüß-
ten Birken, jubilierten Zeisig, Fink und Nachtigall in den
schönsten lustigsten Liedlein. Da wurd' es dem Felix bei seinem Jäger, seinem kleinen Männchen, seiner Flinte und
Patrontasche ganz enge und wehmütig ums Herz. „Ach", rief
er auf einmal, „ach draußen ist's doch schöner, komm Christlieb! laß uns in den Wald laufen!" Christlieb hatte eben die
große Puppe ausgezogen und war im Begriff, sie wieder anzu-
kleiden, welches ihr viel Vergnügen machte, deshalb wollte
sie nicht heraus, sondern bat: „Lieber Felix, wollen wir denn
nicht noch hier ein bißchen spielen?" „Weißt du was Christlieb", sprach Felix, „wir nehmen das Beste von unsern Spielsachen mit hinaus. Ich schnalle meinen Hirschfänger um, und
hänge das Gewehr über die Schulter, da seh ich aus wie ein
Jäger. Der kleine Jäger und Harfenmännlein können mich
begleiten, du Christlieb kannst deine große Puppe und das
Beste von deinen Gerätschaften mitnehmen. Komm nur
komm!" Christlieb zog hurtig die Puppe vollends an und nun
liefen beide Kinder mit ihren Spielsachen hinaus in den Wald,
wo sie sich auf einem schönen grünen Plätzchen lagerten. Sie
hatten eine Weile gespielt und Felix ließ eben das Harfenmännlein sein Stückchen orgeln, als Christlieb anfing: „Weißt
du wohl, lieber Felix, daß dein Harfenmann gar nicht hübsch
spielt? Hör nur, wie das hier im Walde häßlich klingt, das
ewige Ting-Ting-Ping-Ping, die Vögel kucken so neugierig
aus den Büschen, ich glaube, sie halten sich ordentlich auf
über den albernen Musikanten, der hier zu ihrem Gesange
spielen will." Felix drehte stärker und stärker an der Schraube
und rief endlich: „Du hast recht Christlieb! es klingt abscheulich, was der kleine Kerl spielt, was können mir seine Diener-
chen helfen - ich schäme mich ordentlich vor dem Finken
dort drüben, der mich mit solch schlauen Augen anblinzelt. -
Aber der Kerl soll besser spielen - soll besser spielen!" - Und
damit drehte Felix so stark an der Schraube, daß Krack-krack-

der ganze Kasten in tausend Stücke zerbrach, auf dem das Harfenmännlein stand und seine Arme zerbröckelt herabfielen. „Oh - Oh", rief Felix; „Ach das Harfenmännlein!" rief Christlieb. Felix beschaute einen Augenblick das zerbrochne Spielwerk, sprach dann: „Es war ein dummer alberner Kerl, der schlechtes Zeug aufspielte und Gesichter und Diener machte wie Vetter Pumphose" und warf den Harfenmann weit fort in das tiefste Gebüsch. „Da lob' ich mir meinen Jägersmann", sprach er weiter, „der schießt einmal über das andere ins Ziel." Nun ließ Felix den kleinen Jäger tüchtig exerzieren. Als das eine Weile gedauert, fing Felix an: „Dumm ists doch, daß der kleine Kerl immer nur nach dem Ziele schießt, welches, wie Papa sagt, gar keine Sache für einen Jägersmann ist. Der muß im Walde schießen nach Hirschen - Rehen - Hasen und sie treffen im vollen Lauf. - Der Kerl soll nicht mehr nach dem Ziele schießen. Damit brach Felix die Zielscheibe los, die vor dem Jäger angebracht war. „Nun schieß' ins Freie", rief er, aber er mochte an dem Fädchen ziehn so viel als er wollte, schlaff hingen die Arme des kleinen Jägers herab. Er legte nicht mehr die Büchse an, er schoß nicht mehr los. „Ha ha", rief Felix, „nach dem Ziel, in der Stube, da konntest du schießen, aber im Walde, wo des Jägers Heimat ist, da gehts nicht. Fürchtest dich auch wohl vor Hunden und würdest, wenn einer käme, davonlaufen mitsamt deiner Büchse, wie Vetter Pumphose mit seinem Säbel! - Ei du einfältiger nichtsnutziger Bursche", damit schleuderte Felix den Jäger dem Harfenmännlein nach ins tiefe Gebüsch. „Komm! laß uns ein wenig laufen", sprach er dann zu Christlieb. „Ach ja lieber Felix", erwiderte diese, „meine hübsche Puppe soll mit laufen, das wird ein Spaß sein." Nun faßte jeder, Felix und Christlieb, die Puppe an einem Arm, und so gings fort in vollem Laufe durchs Gebüsch den Hügel herab, und fort und fort bis an den mit hohem Schilf umkränzten Teich, der noch zu dem Besitztum des Herrn Thaddäus von Brakel gehörte und wo er zuweilen wilde Enten zu schießen pflegte. Hier standen die Kinder still und Felix sprach: „Laß uns ein wenig passen, ich habe ja nun eine Flinte, wer weiß, ob ich nicht im Röhricht eine Ente schießen kann, so gut wie der Vater." In dem Augenblick schrie aber Christlieb laut auf: „Ach meine Puppe, was ist aus meiner schönen Puppe geworden!" Freilich sah das arme Ding ganz miserabel aus. Weder Christlieb noch Felix hatten im Laufen die Puppe beachtet und so war es gekommen, daß sie sich an dem Gestripp die Kleider ganz und gar zerrissen, ja beide Beinchen gebrochen hatte. Von dem hübschen Wachsgesichtchen war auch beinahe keine Spur, so zerfetzt und häßlich sah es aus. „Ach meine Puppe, meine schöne Puppe", klagte Christlieb. „Da siehst du nun", sprach Felix, „was für dumme Dinger uns das fremden Kinder mitgebracht haben. Das ist ja eine ungeschickte einfältige Trine, deine Puppe, die nicht einmal mit uns laufen kann, ohne sich gleich alles zu zerreißen und zu zerfetzen- gib sie

nur her." Christlieb reichte die verunstaltete Puppe traurig
dem Bruder hin und konnte sich eines lauten Schreies: „Ach
Ach!" nicht enthalten, als der sie ohne weiteres fortschleuder-
te in den Teich. „Gräme dich nur nicht", tröstete Felix die
Schwester, „gräme dich nur ja nicht um das alberne Ding,
schieße ich eine Ente, so sollst du die schönsten Federn
bekommen, die sich nur in den bunten Flügeln finden wollen." Es rauschte im Röhricht, da legte stracks Felix seine hölzerne Flinte an, setzte sie aber in demselben Augenblick wieder ab, und schaute nachdenklich vor sich hin. „Bin ich nicht
auch selbst ein törichter Junge", fing er dann leise an, „gehört
denn nicht zum Schießen Pulver und Blei und habe ich denn
beides? - Kann ich denn auch wohl Pulver in eine hölzerne
Flinte laden? - Wozu ist überhaupt das dumme hölzerne Ding?
- Und der Hirschfänger? - Auch von Holz! - der schneidet und
sticht nicht- des Vetters Säbel war gewiß auch von Holz, deshalb mochte er ihn nicht auszuziehn, als er sich vor dem Sultan
fürchtete. Ich merke schon, Vetter Pumphose hat mich nur
zum besten gehabt mit seinen Spielsachen, die was vorstellen
wollen und nichtsnütziges Zeug sind." Damit schleuderte
Felix Flinte, Hirschfänger und zuletzt noch die Patrontasche in
den Teich. Christlieb war doch betrübt über den Verlust der
Puppe, und auch Felix konnte sich des Unmuts nicht erweh-
ren. So schlichen sie nach Hause, und als die Mutter frug:
„Kinder wo habt ihr eure Spielsachen", erzählte Felix ganz treu-
herzig, wie schlimm er mit dem Jäger, mit dem Harfenmännlein, mit Flinte, Hirschfänger und Patrontasche, wie schlimm
Christlieb mit der Puppe angeführt worden. „Ach", rief die
Frau von Brakel halb erzürnt, „ihr einfältigen Kinder, ihr wißt
nur nicht mit den schönen zierlichen Sachen umzugehen."
Der Herr Thaddäus von Brakel, der Felixens Erzählung mit
sichtbarem Wohlgefallen angehört hatte, sprach aber: „Lasse
die Kinder nur gewähren, im Grunde genommen ists mir
recht lieb, daß sie die fremdartigen Spielsachen, die sie nur
verwirrten und beängsteten, los sind." Weder die Frau von
Brakel noch die Kinder wußten, was der Herr von Brakel mit
diesen Worten eigentlich sagen wollte.

DAS FREMDE KIND

Felix und Christlieb waren in aller Frühe nach dem Walde
gelaufen. Die Mutter hatte es ihnen eingeschärft, ja recht bald
wiederzukommen; weil sie nun viel mehr in der Stube sitzen,
und viel mehr schreiben und lesen müßten als sonst, damit
sie sich nicht gar zu sehr zu schämen brauchten vor dem Hofmeister, der nun nächstens kommen werde, deshalb sprach
Felix: „Laß uns nun das Stündchen über, das wir draußen bleiben dürfen, recht tüchtig springen und laufen!" Sie begannen
auch gleich sich als Hund und Häschen herumzujagen, aber so
wie dieses Spiel, erregten auch alle übrigen Spiele, die sie
anfingen, nach wenigen Sekunden ihnen nur Überdruß und
Langeweile. Sie wußten selbst gar nicht, wie es denn nur kam,

daß ihnen gerade heute tausend ärgerliches Zeug geschehen mußte. Bald flatterte Felixens Mütze vom Winde getrieben ins Gebüsch, bald strauchelte er und fiel auf die Nase im besten Rennen, bald blieb Christlieb mit den Kleidern hängen am Dornstrauch oder stieß sich den Fuß am spitzen Stein, daß sie laut aufschreien mußte. Sie gaben bald alles Spielen auf, und schlichen mißmütig durch den Wald. „Wir wollen nur in die Stube kriechen", sprach Felix, warf sich aber, statt weiterzugehen, in den Schatten eines schönen Baums. Christlieb folgte seinem Beispiel. Da saßen die Kinder nun voller Unmut und starrten stumm in den Boden hinein. „Ach", seufzete Christlieb endlich leise, „ach hätten wir doch noch die schönen Spielsachen!" - „Die würden", murrte Felix, „die würden uns gar nichts nützen, wir müßten sie doch nur wieder zerbrechen und verderben. Höre Christlieb! - die Mutter hat doch wohl recht - die Spielsachen waren gut, aber wir wußten nur nicht damit umzugehen, und das kommt daher, weil uns die Wissenschaften fehlen." „Ach lieber Felix", rief Christlieb, „du hast recht, könnten wir die Wissenschaften so hübsch auswendig, wie der blanke Vetter und die geputzte Muhme[1], ach da hättest du noch deinen Jäger, dein Harfenmännlein, da läg' meine schöne Puppe nicht im Ententeich! - wir ungeschickten Dinger ach wir haben keine Wissenschaften!" und damit fing Christlieb an jämmerlich zu schluchzen und zu weinen und Felix stimmte mit ein und beide Kinder heulten und jammerten, daß es im Walde widertönte: „Wir armen Kinder, wir haben keine Wissenschaften - uns fehlen die Wissenschaften!" Doch plötzlich hielten sie inne und fragten voll Erstaunen: „Siehst du's Christlieb?" - „Hörst du's Felix?" - Aus dem tiefsten Schatten des dunkeln Gebüsches, das den Kindern gegenüber lag, blickte ein wundersamer Schein, der wie sanfter Mondesstrahl über die vor Wonne zitternden Blätter gaukelte, und durch das Säuseln des Waldes ging ein süßes Getön, wie wenn der Wind über Harfen hinstreift und im Liebkosen die schlummernden Akkorde weckt. Den Kindern wurde ganz seltsam zu Mute, aller Gram war von ihnen gewichen, aber die Tränen standen ihnen in den Augen vor süßem nie gekanntem Weh. So wie lichter und lichter der Schein durch das Gebüsch strahlte, so wie lauter und lauter die wundervollen Töne erklangen, klopfte den Kindern höher das Herz, sie starrten hinein in den Glanz und ach! sie gewahrten, daß es das von der Sonne hell erleuchtete holde Antlitz des lieblichsten Kindes war, welches ihnen aus dem Gebüsch zulächelte und zuwinkte. „O komm doch nur zu uns - komm doch nur zu uns, du liebes Kind!" so riefen beide, Christlieb und Felix, indem sie aufsprangen und voll unbeschreiblicher Sehnsucht die Hände nach der holden Gestalt ausstreckten. „Ich komme - ich komme", rief es mit süßer Stimme aus dem Gebüsch und leicht wie vom säuselnden Morgenwinde getragen schwebte das fremde Kind herüber zu Felix und Christlieb.

1 **Muhme:** Tante

„Ich hab' euch wohl aus der Ferne weinen und klagen gehört", sprach das fremde Kind, „und da hat es mir recht leid
um euch getan, was fehlt euch denn liebe Kinder?" „Ach wir
wußten es selbst nicht recht", erwiderte Felix, „aber nun ist es
mir so, als wenn nur du uns gefehlt hättest" - „Das ist wahr",
fiel Christlieb ein, „nun du bei uns bist, sind wir wieder froh!
warum bist du aber auch so lange ausgeblieben?" - Beiden
Kindern war es in der Tat so, als ob sie schon lange das fremde Kind gekannt und mit ihm gespielt hätten, und als ob ihr
Unmut nur daher gerührt hätte, daß der liebe Spielkamerad
sich nicht mehr blicken lassen. „Spielsachen", sprach Felix
weiter, „haben wir nun freilich gar nicht, denn ich einfältiger
Junge habe gestern die schönsten, die Vetter Pumphose mir
geschenkt hatte, schändlich verdorben und weggeschmissen,
aber spielen wollen wir doch wohl." „Ei Felix", sprach das
fremde Kind, indem es laut auflachte, „ei wie magst du nur so
sprechen. Das Zeug, das du weggeworfen hast, das hat gewiß
nicht viel getaugt, du so wie Christlieb, ihr seid ja beide ganz
umgeben von dem herrlichsten Spielzeuge, das man nur
sehen kann." „Wo denn?" - „Wo denn?" - riefen Christlieb und
Felix - „Schaut doch um euch", sprach das fremde Kind. -
Und Felix und Christlieb gewahrten, wie aus dem dicken
Grase, aus dem wolligen Moose allerlei herrliche Blumen wie
mit glänzenden Augen hervorguckten, und dazwischen funkelten bunte Steine und kristallne Muscheln, und goldene
Käferchen tanzten auf und nieder und summten leise Liedchen. -„Nun wollen wir einen Palast bauen, helft mir hübsch
die Steine zusammentragen!" so rief das fremde Kind, indem
es zur Erde gebückt bunte Steine aufzulesen begann. Christlieb und Felix halfen, und das fremde Kind wußte so
geschickt die Steine zu fügen, daß sich bald hohe Säulen erhoben, die in der Sonne funkelten wie poliertes Metall, und darüber wölbte sich ein luftiges goldenes Dach. - Nun küßte das
fremde Kind die Blumen, die aus dem Boden hervorguckten,
da rankten sie im süßen Gelispel in die Höhe und sich in hol-
der Liebe verschlingend bildeten sie duftende Bogengänge, in
denen die Kinder voll Wonne und Entzücken umhersprangen.
Das fremde Kind klatschte in die Hände, da sumste das goldene Dach des Palastes - Goldkäferchen hatten es mit ihren Flü-
geldecken gewölbt - auseinander und die Säulen zerflossen
zum rieselnden Silberbach, an dessen Ufer sich die bunten
Blumen lagerten und bald neugierig in seine Wellen kuckten,
bald ihre Häupter hin und her wiegend auf sein kindisches
Plaudern horchten. Nun pflückte das fremde Kind Grashalme,
und brach kleine Ästchen von den Bäumen, die es hinstreute
vor Felix und Christlieb. Aber aus den Grashalmen wurden
bald die schönsten Puppen, die man nur sehen konnte, und
aus den Ästchen kleine allerliebste Jäger. Die Puppen tanzten
um Christlieb herum und ließen sich von ihr auf den Schoß

nehmen und lispelten mit feinen Stimmchen: „Sei uns gut, sei uns gut, liebe Christlieb." Die Jäger tummelten sich und klirrten mit den Büchsen und bliesen auf ihren Hörnern und riefen: „Halloh! - Halloh! zur Jagd zur Jagd!" - Da sprangen Häschen aus den Büschen und Hunde ihnen nach, und die Jäger knallten hinterdrein! - Das war eine Lust- Alles verlor sich wieder, Christlieb und Felix riefen: „Wo sind die Puppen, wo sind die Jäger." Das fremde Kind sprach: „Oh! die stehen euch alle zu Gebote, die sind jeden Augenblick bei euch, wenn ihr nur wollt, aber möchtet ihr nicht lieber jetzt ein bißchen durch den Wald laufen?" -„Ach ja, Ach ja!" riefen beide, Felix und Christlieb. Da faßte das fremde Kind sie bei den Händen und rief: „Kommt kommt!" und damit ging es fort. Aber das war ja gar kein Laufen zu nennen! - Nein! Die Kinder schwebten im leichten Fluge durch Wald und Flur und die bunten Vögel flatterten laut singend und jubilierend um sie her. Mit einemmal ging es hoch - hoch in die Lüfte. „Guten Morgen Kinder! Guten Morgen Gevatter Felix!" rief der Storch im Vorbeistreifen! - „Tut mir nichts, tut mir nichts - ich freß' euer Täublein nicht!" kreischte der Geier, sich in banger Scheu vor den Kindern durch die Lüfte schwingend - Felix jauchzte laut, aber der Christlieb wurde bange: „Mir vergeht der Atem - ach ich falle wohl!" so rief sie, und in demselben Augenblick ließ sich das fremde Kind mit den Gespielen nieder, und sprach: „Nun singe ich euch das Waldlied zum Abschiede für heute, morgen komm ich wieder." Nun nahm das Kind ein kleines Waldhorn hervor, dessen goldne Windungen beinahe anzusehen waren, wie leuchtende Blumenkränze, und begann darauf so herrlich zu blasen, daß der ganze Wald wundersam von den lieblichen Tönen widerhallte, und dazu sangen die Nachtigallen, die wie auf des Waldhorns Ruf herbeiflatterten und sich dicht neben dem Kinde in die Zweige setzten, ihre herrlichsten Lieder. Aber plötzlich verhallten die Töne mehr und mehr und nur ein leises Säuseln quoll aus den Gebüschen, in die das fremde Kind hingeschwunden. „Morgen - morgen kehr' ich wieder!" so rief es aus weiter Ferne den Kindern zu, die nicht wußten wie ihnen geschehen, denn solch innere Lust hatten sie nie empfunden. „Ach wenn es doch nur schon wieder morgen wäre!" so sprachen beide, Felix und Christlieb, indem sie voller Hast zu Hause liefen, um den Eltern zu erzählen, was sich im Walde begeben.

Was der Herr von Brakel und die Frau von Brakel zu dem fremden Kinde sagten, und was sich weiter mit demselben begab

„Beinahe möchte ich glauben, daß den Kindern das alles nur geträumt hat!" So sprach der Herr Thaddäus von Brakel zu seiner Gemahlin, als Felix und Christlieb ganz erfüllt von dem fremden Kinde nicht aufhören konnten, sein holdes Wesen, seinen anmutigen Gesang, seine wunderbaren Spiele zu preisen. „Denk' ich aber wieder daran", fuhr Herr von Brakel fort, „daß beide doch nicht auf einmal und auf gleiche

15

Weise geträumt haben können, so weiß ich am Ende selbst nicht, was ich von dem allen denken soll." „Zerbrich dir den Kopf nicht, o mein Gemahl!" erwiderte die Frau von Brakel, „ich wette, das fremde Kind ist niemand anders als Schulmeisters Gottlieb aus dem benachbarten Dorfe. Der ist herübergelaufen und hat den Kindern allerlei tolles Zeug in den Kopf gesetzt, aber das soll er künftig bleiben lassen." Herr von Brakel war gar nicht der Meinung seiner Gemahlin, um indessen mehr hinter die eigentliche Bewandtnis der Sache zu kommen, wurden Felix und Christlieb herbeigerufen und aufgefordert, genau anzugeben, wie das Kind ausgesehen habe und wie es gekleidet gewesen sei. Rücksichts des Aussehens stimmten beide überein, daß das Kind ein lilienweißes Gesicht, rosenrote Wangen, kirschrote Lippen, blauglänzende Augen und goldgelocktes Haar habe, und so schön sei, wie sie es gar nicht aussprechen könnten; in Ansehung der Kleider wußten sie aber nur so viel, daß das Kind ganz gewiß nicht eine blaugestreifte Jacke, ebensolche Hosen und eine schwarzlederne Mütze trage wie Schulmeisters Gottlieb. Dagegen klang alles, was sie über den Anzug des Kindes ungefähr zu sagen vermochten, ganz fabelhaft und unklug. Christlieb behauptete nämlich, das Kind trage ein wunderschönes leichtes glänzendes Kleidchen von Rosenblättern; Felix meinte dagegen, das Kleid des Kindes funkle in hellem goldenen Grün wie Frühlingslaub im Sonnenschein. Daß das Kind, fuhr Felix weiter fort, irgendeinem Schulmeister angehören könne, daran sei gar nicht zu denken, denn zu gut verstehe sich der Knabe auf die Jägerei, stamme gewiß aus der Heimat aller Wald und Jagdlust und werde der tüchtigste Jägersmann werden, den es wohl gebe. „Ei Felix", unterbrach ihn Christlieb, „wie kannst du nur sagen, daß das kleine liebe Mädchen ein Jägersmann werden soll. Auf das Jagen mag sie sich auch wohl verstehen, aber gewiß noch viel besser auf die Wirtschaft im Hause, sonst hätte sie mir nicht so hübsch die Puppen angekleidet und so schöne Schüsseln bereitet!" So hielt Felix das fremde Kind für einen Knaben, Christlieb behauptete dagegen, es sei ein Mädchen, und beide konnten darüber nicht einig werden. - Die Frau von Brakel sagte: „Es lohnt gar nicht, daß man sich mit den Kindern auf solche Narrheiten einläßt", der Herr von Brakel meinte dagegen: „Ich dürfte ja nur den Kindern nachgehen in den Wald und erlauschen, was denn das für ein seltsames Wunderkind ist, das mit ihnen spielt, aber es ist mir so, als könnte ich den Kindern dadurch eine große Freude verderben, und deshalb will ich es nicht tun." Andern Tages, als Felix und Christlieb zu gewöhnlicher Zeit in den Wald liefen, wartete das fremde Kind schon auf sie, und wußte es gestern herrliche Spiele zu beginnen, so schuf es vollends heute die anmutigsten Wunder, so daß Felix und Christlieb einmal über das andere vor Freude und Entzücken laut aufjauchzten. Lustig und sehr hübsch zugleich war es, daß das fremde Kind während des Spielens so zierlich und gescheut mit den Bäumen, Gebüschen, Blumen, mit dem Waldbach zu sprechen wußte. Alle antworteten auch so vernehmlich, das Felix und Christlieb alles verstanden. Das fremde Kind rief ins Erlengebüsch hinein: „Ihr schwatzhaftes Volk, was flüstert und wispert ihr wieder untereinander?" Da schüttelten stärker sich die Zweige und lachten und lispelten: „Ha - ha ha - wir freuen uns über die artigen Dinge, die uns Freund Morgenwind heute zugeraunt hat, als er von den blauen Bergen vor den Sonnenstrahlen daherrauschte. Er brachte uns tausend Grüße und Küsse von der goldnen Königin und einige tüchtige Flügelschläge voll der süßesten Düfte." „O schweigt doch", so unterbrachen die Blumen das Geschwätz der Büsche, „o schweigt doch von dem Flatterhaften, der mit den Düften prahlt, die seine falschen Liebkosungen uns entlockten. Laßt die Gebüsche lispeln und säuseln, ihr Kinder, aber schaut uns an, horcht auf uns, wir lieben euch gar zu sehr und putzen uns heraus, mit den schönsten glänzendsten Farben Tag für Tag, nur damit wir euch recht gefallen." -„Und lieben wir euch denn nicht auch, ihr holden Blumen?" So sprach das fremde Kind, aber Christlieb kniete zur Erde nieder und streckte beide Ärme weit aus, als wollte sie all' die herrlichen Blumen, die um sie her sproßten, umarmen, indem sie rief: „Ach ich lieb' euch ja allzumal!" - Felix sprach: „Auch mir gefällt ihr wohl, in euren glänzenden Kleidern, ihr Blumen, aber doch halt' ich es mit dem Grün, mit den Büschen, mit den Bäumen, mit dem Walde, der muß euch doch schützen und schirmen, ihr kleinen bunten Kindelein!" Da sauste es in den hohen schwarzen Tannen: „Das ist ein wahres Wort, du tüchtiger Junge, und du mußt dich nicht vor uns fürchten, wenn der Gevatter Sturm dahergezogen kommt und wir ein bißchen ungestüm mit dem groben Kerl zanken." „Ei", rief Felix, „knarrt und stöhnt und sauset nur recht wacker, ihr grünen Riesen, dann geht ja dem tüchtigen Jägersmann erst das Herz recht auf." „Da hast du ganz recht", so rauschte und plätscherte der Waldbach, „da hast du ganz recht, aber wozu immer jagen, immer rennen im Sturm und im wilden Gebraus! - Kommt! setzt euch fein ins Moos und hört mir zu. Von fernen fernen Landen aus tiefem Schacht komm ich her- ich will euch schöne Märchen erzählen und immer was Neues, Well' auf Welle und immerfort und fort. Und die schönsten Bilder zeig' ich euch, schaut mir nur recht ins blanke Spiegelantlitz - duftiges Himmelblau - goldenes Gewölk- Busch und Blum und Wald - euch selbst, ihr holden Kinder, zieh ich liebend hinein tief in meinen Busen!" - „Felix, Christlieb", so sprach das fremde Kind, indem es mit wundersamer Holdseligkeit um sich blickte, „Felix, Christlieb, o hört doch nur, wie alles uns liebt. Aber schon steigt das Abendrot auf hinter den Bergen und Nachtigall ruft mich nach Hause." „O laß uns noch ein bißchen fliegen", bat Felix. „Aber nur nicht so sehr hoch, da schwindelts mir gar zu sehr", sprach Christlieb. Da faßte wie gestern das fremde Kind beide, Felix und Christlieb, bei den

Händen und nun schwebten sie auf im goldenen Purpur des Abendrots und das lustige Volk der bunten Vögel schwärmte und lärmte um sie her - das war ein Jauchzen und Jubeln! - In den glänzenden Wolken, wie in wogenden Flammen erblickte Felix die herrlichsten Schlösser von lauter Rubinen und andern funkelnden Edelgesteinen: „Schau o schau doch Christlieb", rief er voll Entzücken, „das sind prächtige, prächtige Häuser, nur tapfer laß uns fliegen, wir kommen gewiß hin." Christlieb gewahrte auch die Schlösser und vergaß alle Furcht, indem sie nicht mehr hinab, sondern unverwandt in die Ferne blickte. „Das sind meine lieben Luftschlösser", sprach das fremde Kind, „aber hin kommen wir heute wohl nicht mehr!" - Felix und Christlieb waren wie im Traume und wußten selbst nicht wie es geschah, daß sie unversehens sich zu Hause bei Vater und Mutter befanden.

VON DER HEIMAT DES FREMDEN KINDES

Das fremde Kind hatte auf dem anmutigsten Platz im Walde zwischen säuselndem Gebüsch, dem Bach unfern, ein überaus herrliches Gezelt von hohen schlanken Lilien, glühenden Rosen und bunten Tulipanen erbaut. Unter diesem Gezelt saßen mit dem fremden Kinde Felix und Christlieb und horchten darauf, was der Waldbach allerlei seltsames Zeug durcheinander plauderte. „Recht verstehe ich doch nicht", fing Felix an, „was der dort unten erzählt, und es ist mir so, als wenn du selbst, mein lieber lieber Junge, alles was er nur so unverständlich murmelt, recht hübsch mir sagen könntest. Überhaupt möcht' ich dich doch wohl fragen, wo du denn herkommst und wo du immer so schnell hinverschwindest, daß wir selbst niemals wissen, wie das geschieht?" - „Weißt du wohl, liebes Mädchen", fiel Christlieb ein, „daß Mutter glaubt, du seist Schulmeisters Gottlieb?" „Schweig doch nur dummes Ding", rief Felix „Mutter hat den lieben Knaben niemals gesehen, sonst würde sie gar nicht von Schulmeisters Gottlieb gesprochen haben. - Aber nun sage mir geschwind, du lieber Junge, wo du wohnst, damit wir zu dir ins Haus kommen können, zur Winterszeit, wenn es stürmt und schneit und im Walde nicht Steg nicht Weg zu finden ist." „Ach ja!" sprach Christlieb, „nun mußt du uns fein sagen, wo du zu Hause bist, wer deine Eltern sind und hauptsächlich, wie du denn eigentlich heißest." Das fremde Kind sah sehr ernst, beinahe traurig vor sich hin und seufzte recht aus tiefer Brust. Dann, nachdem es einige Augenblicke geschwiegen, fing es an: „Ach lieben Kinder warum fragt ihr nach meiner Heimat? Ist es denn nicht genug, daß ich tagtäglich zu euch komme und mit euch spiele? - Ich könnte euch sagen, daß ich dort hinter den blauen Bergen, die wie krauses, zackiges Nebelgewölk anzusehen sind, zu Hause bin, aber wenn ihr tagelang und immer fort und fort laufen wolltet, bis ihr auf den Bergen stündet, so würdet ihr wieder ebenso fern ein neues Gebürge schauen, hinter dem ihr meine Heimat suchen müßtet, und wenn ihr auch dieses Gebürge[1] erreicht hättet, würdet ihr wiederum ein neues erblicken, und so würde es euch immer fort und fort gehen und ihr würdet niemals meine Heimat erreichen." „Ach", rief Christlieb weinerlich aus, „ach so wohnst du wohl viele hundert hundert Meilen von uns und bist nur zum Besuch in unserer Gegend?" „Sieh nur, liebe Christlieb!" fuhr das fremde Kind fort, „wenn du dich recht herzlich nach mir sehnst, so bin ich gleich bei dir und bringe dir alle Spiele, alle Wunder aus meiner Heimat mit, und ist denn das nicht ebenso gut als ob wir in meiner Heimat selbst zusammen säßen und mit einander spielten?" „Das nun wohl eben nicht", sprach Felix, „denn ich glaube, daß deine Heimat ein gar herrlicher Ort sein muß, ganz voll von den herrlichen Dingen, die du uns mitbringst. Du magst mir nun die Reise dahin so schwürig[2] darstellen wie du willst, sowie ich es nur vermag, mache ich mich doch auf den Weg. So durch Wälder streichen und auf ganz wilden verwachsenen Pfaden, Gebürge erklettern, durch Bäche waten über schroffes Gestein und dornigt Gestrüpp, das ist so recht Waidmanns Sache - ich werd's schon durchführen." „Das wirst du auch", rief das fremde Kind, indem es freudig lachte, „und wenn du es dir so recht fest vornimmst, dann ist es so gut als hättest du es schon wirklich ausgeführt. Das Land, in dem ich wohne, ist in der Tat so schön und herrlich wie ich es gar nicht zu beschreiben vermag. Meine Mutter ist es, die als Königin über dieses Reich voller Glanz und Pracht herrscht. - „So bist du ja ein Prinz" - „So bist du ja eine Prinzessin" - riefen zu gleicher Zeit verwundert, ja beinahe erschrocken, Felix und Christlieb. „Allerdings", sprach das fremde Kind. „So wohnst du wohl in einem schönen Palast!" fragte Felix weiter. „Ja wohl", erwiderte das fremde Kind, „noch viel schöner ist der Palast meiner Mutter, als die glänzenden Schlösser, die du in den Wolken geschaut hast, denn seine schlanken Säulen aus purem Kristall erheben sich hoch - hoch hinein in das Himmelblau, das auf ihnen ruht wie ein weites Gewölbe. Unter dem segelt glänzendes Gewölk mit goldnen Schwingen hin und her und das purpurne Morgen -, das Abendrot steigt auf und nieder und in klingenden Kreisen tanzen die funkelnden Sterne. - Ihr habt, meine lieben Gespielen, ja wohl schon von Feen gehört, die, wie es sonst kein Mensch vermag, die herrlichsten Wunder hervorrufen können, und ihr werdet es auch wohl schon gemerkt haben, daß meine Mutter nichts anders ist, als eine Fee. Ja! das ist sie wirklich und zwar die mächtigste, die es gibt. Alles, was auf der Erde webt und lebt, hält sie mit treuer Liebe umfangen, doch zu ihrem innigen Schmerz wollen viele Menschen gar nichts von ihr wissen. Vor allen liebt meine Mutter aber die Kinder und daher kommt es, daß die Feste, die sie in ihrem Reiche den Kindern bereitet, die schönsten

1 **Gebürge:** Gebirge
2 **schwürig:** schwierig

und herrlichsten sind. Da geschieht es denn wohl, daß schmucke Geister aus dem Hofstaate meiner Mutter keck sich durch die Wolken schwingen und von einem Ende des Palastes bis zum andern einen in den schönsten Farben schimmernden Regenbogen spannen. Unter dem bauen sie den Thron meiner Mutter aus lauter Diamanten, die aber so anzusehen sind und so herrlich duften wie Lilien, Nelken und Rosen. Sowie meine Mutter den Thron besteigt, rühren die Geister ihre goldnen Harfen, ihre kristallnen Zimbeln und dazu singen die Kammersänger meiner Mutter mit solch wunderbaren Stimmen, daß man vergehen möchte vor süßer Lust. Diese Sänger sind aber schöne Vögel, größer noch als Adler, mit ganz purpurnem Gefieder, wie ihr sie wohl noch nie gesehen habt. Aber sowie die Musik losgegangen, wird alles im Palast, im Walde, im Garten laut und lebendig. Viele tausend blank geputzte Kinder tummeln sich im Jauchzen und Jubeln umher. Bald jagen sie sich durch's Gebüsch und werfen sich neckend mit Blumen, bald klettern sie auf schlanke Bäumchen und lassen sich vom Winde hin und her schaukeln, bald pflücken sie goldglänzende Früchte, die so süß und herrlich schmecken wie sonst nichts auf der Erde, bald spielen sie mit zahmen Rehen - mit andern schmucken Tieren, die ihnen aus dem Gebüsch entgegenspringen; bald rennen sie keck den Regenbogen auf und nieder oder besteigen gar als kühne Reuter die schönen Goldfasanen, die sich mit ihnen durch die glänzenden Wolken schwingen." „Ach das muß herrlich sein, ach nimm uns mit in deine Heimat, wir wollen immer dort bleiben!" - So riefen Felix und Christlieb voll Entzücken, das fremde Kind sprach aber: „Mitnehmen nach meiner Heimat kann ich euch in der Tat nicht, es ist zu weit, ihr müßtet so gut und unermüdlich fliegen können wie ich selbst." Felix und Christlieb wurden ganz traurig und blickten schweigend zur Erde nieder.

VON DEM BÖSEN MINISTER AM HOFE DER FEENKÖNIGIN

„Überhaupt", fuhr das fremde Kind fort, „überhaupt möchtet ihr euch in meiner Heimat vielleicht gar nicht so gut befinden, als ihr es euch nach meiner Erzählung vorstellt. Ja der Aufenthalt könnte euch sogar verderblich sein. Manche Kinder vermögen nicht den Gesang der purpurroten Vögel, so herrlich er auch ist, zu ertragen, so daß er ihnen das Herz zerreißt, und sie augenblicklich sterben müssen. Andere, die gar zu keck auf dem Regenbogen rennen, gleiten aus und stürzen herab, und manche sind sogar albern genug, im besten Fliegen dem Goldfasan, der sie trägt, weh' zu tun. Das nimmt denn der sonst friedliche Vogel dem dummen Kinde übel und reißt ihm mit seinem scharfen Schnabel die Brust auf, so daß es blutend aus den Wolken herabfällt. Meine Mutter härmt sich gar sehr ab, wenn Kinder auf solche Weise, freilich durch ihre eigne Schuld, verunglücken. Gar zu gern wollte sie, daß alle Kinder auf der ganzen Welt die Lust ihres Reichs genießen möchten, aber wenn viele auch tüchtig fliegen können, so sind sie nachher doch entweder zu keck oder zu furchtsam und verursachen ihr nur Sorgen und Angst. Eben deshalb erlaubt sie mir, daß ich hinausfliegen aus meiner Heimat und tüchtigen Kindern allerlei schöne Spielsachen daraus mitbringen darf, wie ich es denn auch mit euch gemacht habe. „Ach", rief Christlieb, „ich könnte gewiß keinem schönen Vogel Leides tun, aber auf dem Regenbogen rennen möchte ich doch nicht." „Das wäre" - fiel ihr Fritz ins Wort - „das wäre nun gerade meine Sache und eben deshalb möchte ich zu deiner Mutter Königin. Kannst du nicht einmal den Regenbogen mitbringen?" „Nein", erwiderte das fremde Kind, „das geht nicht an, und ich muß dir überhaupt sagen, daß ich mich nur ganz heimlich zu euch stehlen darf. Sonst war ich überall sicher, als sei ich bei meiner Mutter, und es war überhaupt so, als sei überall ihr schönes Reich ausgebreitet, seit der Zeit aber, daß ein arger Feind meiner Mutter, den sie aus ihrem Reiche verbannt hat, wild umherschwärmt, bin ich vor arger Nachstellung nicht geschützt." „Nun", rief Felix, indem er aufsprang und den Dornenstock, den er sich geschnitzt, in der Luft schwenkte, „nun den wollt' ich denn doch sehen, der dir hier Leides zufügen sollte. Fürs erste hätt' er es mit mir zu tun und denn rief ich Papa zu Hülfe[1], der ließe den Kerl einfangen und in den Turm sperren." „Ach", erwiderte das fremde Kind, „so wenig der arge Feind in meiner Heimat mir etwas antun kann, so gefährlich ist er mir außerhalb derselben, er ist gar mächtig und wider ihn hilft nicht Stock nicht Turm." „Was ist denn das für ein garstig Ding, das dich so bange machen kann?" sagte Christlieb. „Ich habe euch gesagt", fing das fremde Kind an, „daß meine Mutter eine mächtige Königin ist, und ihr wißt, daß Königinnen so wie Könige einen Hofstaat und Minister um sich haben." „Ja wohl", sprach Felix, „der Onkel Graf ist selbst solch' ein Minister, und trägt einen Stern auf der Brust. Deiner Mutter Minister tragen auch wohl recht funkelnde Sterne?" „Nein", erwiderte das fremde Kind, „nein das eben nicht, denn die mehrsten sind selbst ganz und gar funkelnde Sterne und andere tragen gar keine Röcke, worauf sich so etwas anbringen ließe. Daß ichs nur sage, alle Minister meiner Mutter sind mächtige Geister, die teils in der Luft schweben, teils in Feuerflammen, teils in den Gewässern wohnen, und überall das ausführen, was meine Mutter ihnen gebietet. Es fand sich vor langer Zeit ein fremder Geist bei uns ein, der nannte sich Pepasilio und behauptete, er sei ein großer Gelehrter, er wisse mehr und würde größere Dinge bewirken als alle übrige. Meine Mutter nahm ihn in die Reihe ihrer Minister auf, aber bald entwickelte sich immer mehr seine innere Tücke. Außerdem daß er alles, was die übrigen Minister taten, zu vernichten strebte, so hatte er es vorzüglich darauf abgesehen, die frohen Feste der Kinder

1 **Hülfe:** Hilfe

recht hämisch zu verderben. Er hatte der Königin vorgespie-
gelt, daß er die Kinder erst recht lustig und gescheut machen
wollte, statt dessen hing er sich zentnerschwer an den
Schweif der Fasanen, so daß sie sich nicht aufschwingen
konnten, zog er die Kinder, wenn sie auf Rosenbüschen hin-
aufgeklettert, bei den Beinen herab, daß sie sich die Nasen
blutig schlugen, zwang er die, welche lustig laufen und springen wollten, auf allen vieren mit zur Erde gebeugtem Haupte
herum zu kriechen. Den Sängern stopfte er allerlei schädli-
ches Zeug in die Schnäbel, damit sie nur nicht singen sollten,
denn Gesang konnte er nicht ausstehen, und die armen zahmen Tierchen wollte er statt mit ihnen zu spielen auffressen,
denn nur dazu, meinte er, wären sie da. Das Abscheulichste
war aber wohl, daß er mit Hülfe seiner Gesellen die schönen
funkelnden Edelsteine des Palastes, die bunt schimmernden
Blumen, die Rosen und Lilienbüsche, ja selbst den glänzenden Regenbogen mit einem ekelhaften schwarzen Saft zu
überziehn wußte, so daß alle Pracht verschwunden und alles
tot und traurig anzusehen war. Und wie er dies vollbracht,
erhob er ein schallendes Gelächter und schrie, nun sei erst
alles so wie es sein solle, denn er habe es beschrieben. Als er
nun vollends erklärte, daß er meine Mutter nicht als Königin
anerkenne, sondern daß ihm allein die Herrschaft gebühre,
und sich in der Gestalt einer ungeheuren Fliege mit blitzen-
den Augen und vorgestrecktem scharfen Rüssel empor-
schwang in abscheulichem Summen und Brausen auf den
Thron meiner Mutter, da erkannte sie so wie alle, daß der
hämische Minister, der sich unter dem schönen Namen Pepasilio eingeschlichen, niemand anders war, als der finstere
mürrische Gnomenkönig Pepser. Der Törichte hatte aber die
Kraft sowie die Tapferkeit seiner Gesellen viel zu hoch in
Anschlag gebracht. Die Minister des Luftdepartements umga-
ben die Königin und fächelten ihr süße Düfte zu, indem die
Minister des Feuerdepartements in Flammenwogen auf und
nieder rauschten und die Sänger, deren Schnäbel gereinigt,
die volltönendsten Gesänge anstimmten so, daß die Königin
den häßlichen Pepser weder sah noch hörte noch seinen ver-
gifteten übelriechenden Atem spürte. In dem Augenblick auch
faßte der Fasanenfürst den bösen Pepser mit dem leuchtenden Schnabel und drückte ihn so gewaltig zusammen, daß er
vor Wut und Schmerz laut aufkreischte, dann ließ er ihn aus
der Höhe von dreitausend Ellen zur Erde niederfallen. Er
konnte sich nicht regen noch bewegen, bis auf sein wildes
Geschrei seine Muhme, die große blaue Kröte, herbeikroch,
ihn auf den Rücken nahm und nach Hause schleppte. Fünfhundert lustige kecke Kinder erhielten tüchtige Fliegenklat-
schen, mit denen sie Pepsers häßliche Gesellen, die noch
umherschwärmten und die schönen Blumen verderben wollten, totschlugen. Sowie nun Pepser fort war, zerfloß der
schwarze Saft, womit er alles überzogen, von selbst und bald
blühete und glänzte und strahlte alles so herrlich und schön

wie zuvor. Ihr könnt denken, daß der garstige Pepser nun in meiner Mutter Reich nichts mehr vermag, aber er weiß, daß ich mich oft hinauswage, und verfolgt mich rastlos unter allerlei Gestalten, so daß ich ärmstes Kind oft auf der Flucht nicht weiß, wo ich mich hin verbergen soll, und darum ihr lieben Gespielen entfliehe ich oft so schnell, daß ihr nicht spürt, wo ich hingekommen. Dabei muß es denn auch bleiben und wohl kann ich euch sagen, daß, sollte ich es auch unternehmen, mich mit euch in meine Heimat zu schwingen, Pepser uns gewiß aufpassen und uns totmachen würde." Christlieb weinte bitterlich über die Gefahr, in der das fremde Kind immer schweben mußte. Felix meinte aber: „Ist der garstige Pepser weiter nichts, als eine große Fliege ist, so will ich ihm mit Papas großer Fliegenklatsche schon zu Leibe gehn, und habe ich ihm eins tüchtig auf die Nase versetzt, so mag Muhme Kröte zusehen, wie sie ihn nach Hause schleppt."

WIE DER HOFMEISTER ANGEKOMMEN WAR UND DIE KINDER SICH VOR IHM FÜRCHTETEN

In vollem Sprunge eilten Felix und Christlieb nach Hause, indem sie unaufhörlich riefen: „Ach das fremde Kind ist ein schöner Prinz!" - „Ach das fremde Kind ist eine schöne Prinzessin!" Sie wollten das jauchzend den Eltern verkünden, aber wie zur Bildsäule erstarrt blieben sie in der Haustüre stehen, als ihnen Herr Thaddäus von Brakel entgegentrat und an seiner Seite einen fremden verwunderlichen Mann hatte, der halb vernehmlich in sich hinein brummte: „Das sind mir saubere Rangen!" - „Das ist der Herr Hofmeister", sprach Herr von Brakel, indem er den Mann bei der Hand ergriff, „das ist der Herr Hofmeister, den euch der gnädige Onkel geschickt hat. Grüßt ihn feinartig!" - Aber die Kinder sahen den Mann von der Seite an und konnten sich nicht regen und bewegen. Das kam daher, weil sie solch eine wunderliche Gestalt noch niemals geschaut. Der Mann mochte kaum mehr als einen halben Kopf höher sein als Felix, dabei war er aber untersetzt, nur stachen gegen den sehr starken breiten Leib die kleinen ganz dünnen Spinnenbeinchen seltsam ab. Der unförmliche Kopf war beinahe viereckig zu nennen und das Gesicht fast gar zu häßlich, denn außerdem, daß zu den dicken braunroten Backen und dem breiten Maule die viel zu lange spitze Nase gar nicht passen wollte, so glänzten auch die kleinen hervorstehenden Glasaugen so graulich, daß man ihn gar nicht gern ansehen mochte. Übrigens hatte der Mann eine pechschwarze Perücke auf den viereckigten Kopf gestülpt, war auch vom Kopf bis zu Fuß pechschwarz gekleidet und hieß: Magister Tinte. Als nun die Kinder sich nicht rückten und rührten, wurde die Frau von Brakel böse und rief: „Potztausend ihr Kinder was ist denn das? der Herr Magister wird euch für ganz ungeschliffene Bauernkinder halten müssen - Fort! gebt dem Herrn Magister fein die Hand!" Die Kinder ermannten sich, und taten, was die Mutter befohlen, sprangen aber, als der Magister ihre Hände faßte, mit dem lauten Schrei: „O weh o weh!" zurück. Der Magister lachte hell auf und zeigte eine heimlich in der Hand versteckte Nadel vor, womit er die Kinder, als sie ihm die Hände reichten, gestochen. Christlieb weinte, Felix aber grollte den Magister von der Seite an: „Versuche das nur noch einmal kleiner Dickbauch -" „Warum taten Sie das lieber Herr Magister Tinte", fragte etwas mißmütig der Herr von Brakel. Der Magister erwiderte: „Das ist nun einmal so meine Art, ich kann davon gar nicht lassen." Und dabei stemmte er beide Hände in die Seite und lachte immer fort, welches aber zuletzt so widerlich klang wie der Ton einer verdorbnen Schnarre[1]. „Sie scheinen ein spaßhafter Mann zu sein lieber Herr Magister Tinte", sprach der Herr von Brakel, aber ihm sowohl als der Frau von Brakel, vorzüglich den Kindern wurde ganz unheimlich zu Mute. „Nun nun", rief der Magister, „wie stehts denn mit den kleinen Krabben, schon tüchtig in den Wissenschaften vorgerückt? - Wollen doch gleich sehen." Damit fing er an, den Felix und die Christlieb so zu fragen, wie es der Onkel Graf mit seinen Kindern getan. Als nun aber beide versicherten, daß sie die Wissenschaften noch gar nicht auswendig wüßten, da schlug der Magister Tinte die Hände über dem Kopf zusammen, daß es klatschte, und schrie wie besessen: „Das ist was Schönes! - keine Wissenschaften, keine Wissenschaften. - Das wird Arbeit geben! Wollens aber schon kriegen!" Felix sowie Christlieb, beide schrieben schon eine saubere Handschrift und wußten aus manchen alten Büchern, die ihnen der Herr von Brakel in die Hände gab und die sie emsig lasen, manche schöne Geschichte zu erzählen, das achtete aber der Magister Tinte für gar nichts, sondern meinte, das alles wäre nur dummes Zeug. - Ach! nun war an kein In-den-Wald-Laufen mehr zu denken! - Statt dessen mußten die Kinder beinahe den ganzen Tag zwischen den vier Wänden sitzen und dem Magister Tinte Dinge nachplappern, die sie nicht verstanden. Es war ein wahres Herzeleid! - Mit welchen sehnsuchtsvollen Blicken schauten sie nach dem Walde! Oft war es ihnen, als hörten sie mitten unter den lustigen Liedern der Vögel, im Rauschen der Bäume des fremden Kindes süße Stimme rufen: „Wo seid ihr denn, Felix - Christlieb - ihr lieben Kinder! wo seid ihr denn! wollt ihr nicht mehr mit mir spielen? - Kommt doch nur! - ich habe euch einen schönen Blumenpalast gebaut - da setzen wir uns hinein und ich schenk' euch die herrlichsten buntesten Steine - und dann schwingen wir uns auf in die Wolken und bauen selbst funkelnde Luftschlösser! - Kommt doch! Kommt doch nur!" Darüber wurden die Kinder mit allen ihren Gedanken ganz hingezogen nach dem Walde, und sahen und hörten nicht mehr auf den Magister. Der wurde aber denn ganz zornig, schlug mit beiden Fäusten auf den Tisch und brummte und summte und schnarrte und

1 Schnarre: Lärminstrument aus Holz

knarrte: „Pim - Sim - Prr - Srrr - Knurr - Krrr - Was ist das! - aufgepaßt!" Felix hielt das aber nicht lange aus, er sprang auf und rief: „Laß mich los mit deinem dummen Zeuge, Herr Magister Tinte, fort will ich in den Wald -such' dir den Vetter Pumphose, das ist was für den! -Komm Christlieb, das fremde Kind wartet schon auf uns." - Damit ging es fort, aber der Magister Tinte sprang mit ungemeiner Behendigkeit hinterher, und erfaßte die Kinder dicht vor der Haustüre. Felix wehrte sich tapfer und der Magister Tinte war im Begriff zu unterliegen, da dem Felix der treue Sultan zu Hülfe geeilt war. Sultan, sonst ein frommer gesitteter Hund, hatte gleich vom ersten Augenblick an einen entschiedenen Abscheu gegen den Magister Tinte bewiesen. Sowie dieser ihm nur nahe kam, knurrte er und schlug mit dem Schweif so heftig um sich, daß er den Magister, den er geschickt an die dünnen Beinchen zu treffen wußte, beinahe umgeschmissen hätte. Sultan sprang hinzu und packte den Magister, der Felix bei beiden Schultern hielt, ohne Umstände beim Rockkragen. Der Magister Tinte erhob ein klägliches Geschrei, auf das Herr Thaddäus von Brakel schnell hinzueilte. Der Magister ließ ab von Felix, Sultan von dem Magister. „Ach wir sollen nicht mehr in den Wald", klagte Christlieb, indem sie bitterlich weinte. So sehr auch der Herr von Brakel den Felix ausschalt, taten ihm doch die Kinder leid, die nicht mehr in Flur und Hain herumschwärmen sollten. Der Magister Tinte mußte sich dazu verstehen, täglich mit den Kindern den Wald zu besuchen. Es ging ihm schwer ein. „Hätten sie nur, Herr von Brakel", sprach er, „einen vernünftigen Garten mit Buchsbaum und Staketen[1] am Hause, so könnte man in der Mittagsstunde mit den Kindern spazieren gehen, was in aller Welt sollen wir aber in dem wilden Walde?" - Die Kinder waren auch ganz unzufrieden und die sprachen nun wieder: „Was soll uns der Magister Tinte in unserm lieben Walde?" -

WIE DIE KINDER MIT DEM HERRN MAGISTER TINTE IM WALDE SPAZIEREN GINGEN UND WAS SICH DABEI ZUTRUG

„Nun? - gefällt es dir nicht in unserm Walde Herr Magister?" So fragte Felix den Magister Tinte, als sie daherzogen durch das rauschende Gebüsch. Der Magister Tinte zog aber ein saures Gesicht und rief: „Dummes Zeug, hier ist kein ordentlicher Steg und Weg, man zerreißt sich nur die Strümpfe und kann vor dem häßlichen Gekreisch der dummen Vögel gar kein vernünftiges Wort sprechen." „Haha, Herr Magister", sprach Felix, „ich merk es schon, du verstehst dich nicht auf den Gesang und hörst es auch wohl gar nicht einmal, wenn der Morgenwind mit den Büschen plaudert und der alte Waldbach schöne Märchen erzählt." „Und", fiel Christlieb dem Felix ins Wort, „sag es nur Herr Magister, du liebst auch wohl nicht die Blumen?" Da wurde der Herr Magister noch kirschbrauner im

1 Staketen: Stangenhölzer

Antlitz, als er schon von Natur war, er schlug mit den Händen um sich und schrie ganz erbost: „Was sprecht ihr da für tolles albernes Zeug? - wer hat euch die Narrheiten in den Kopf gesetzt? das fehlte noch, daß Wälder und Bäche dreist genug wären, sich in vernünftige Gespräche zu mischen, und mit dem Gesange der Vögel ist es auch nichts; Blumen lieb' ich wohl, wenn sie fein in Töpfen gesteckt sind und in der Stube stehen, dann duften sie und man erspart das Räucherwerk. Doch im Walde wachsen ja gar keine Blumen." „Aber Herr Magister", rief Christlieb, „siehst du denn nicht die lieben Mai-blümchen, die dich recht mit hellen freundlichen Augen an-kucken?" „Was was", schrie der Magister - „Blumen? Augen? - ha ha ha - schöne Augen - schöne Augen! Die nichtsnutzigen Dinger riechen nicht einmal!" - Und damit bückte sich der Magister Tinte zur Erde nieder, riß einen ganzen Strauß Maiblümchen samt den Wurzeln heraus und warf ihn fort ins Gebüsch. Den Kindern war es, als ginge in dem Augenblick ein wehmütiger Klagelaut durch den Wald; Christlieb mußte bitter-lich weinen, Felix biß unmutig die Zähne zusammen. Da geschah es, daß ein kleiner Zeisig dem Magister Tinte dicht bei der Nase vorbeiflatterte, sich dann auf einen Zweig setzte und ein lustiges Liedchen anstimmte. „Ich glaube gar", sprach der Magister, „ich glaube gar das ist ein Spottvogel." Und damit nahm er einen Stein von der Erde auf, warf ihn nach den Zeisig und traf den armen Vogel, daß er zum Tode ver-stummt von dem grünen Zweige herabfiel. Nun konnte Felix sich gar nicht mehr halten. „Ei du abscheulicher Herr Magister Tinte", rief er ganz erbost, „was hat dir der arme Vogel getan, daß du ihn totschmeißest? - O wo bist du denn, du holdes fremdes Kind, o komm doch nur, laß uns weit weit fortflie-gen, ich mag nicht mehr bei dem garstigen Menschen sein, ich will fort nach deiner Heimat!" - Und mit vollem Schluchzen und Weinen stimmte Christlieb ein: „O du liebes holdes Kind, komm doch nur, komm doch nur zu uns, ach! Ach! - rette uns -rette uns, der Herr Magister Tinte macht uns ja tot wie die Blumen und Vögel!" - „Was ist das mit dem fremden Kinde", rief der Magister. Aber in dem Augenblick säuselte es stärker im Gebüsch und in dem Säuseln erklangen wehmütige herz-zerschneidende Töne wie von dumpfen in weiter Ferne ange-schlagenen Glocken. - In einem leuchtenden Gewölk, das sich herabließ, wurde das holde Antlitz des fremden Kindes sichtbar - dann schwebte es ganz hervor, aber es rang die kleinen Händchen und Tränen rannen wie glänzende Perlen aus den holden Augen über die rosigten Wangen. „Ach", jam-merte das fremde Kind, „ach ihr lieben Gespielen, ich kann nicht mehr zu euch kommen - ihr werdet mich nicht wieder-sehen - lebt wohl! lebt wohl! - Der Gnome Pepser hat sich eurer bemächtigt, o ihr armen Kinder, lebt wohl - lebt wohl!" - Und damit schwang sich das fremde Kind hoch in die Lüfte. Aber hinter den Kindern brummte und summte und knarrte und schnarrte es auf entsetzliche grausige Weise. Der Magister

Tinte hatte sich umgestaltet in eine große scheußliche Fliege, und recht abscheulich war es, daß er dabei doch noch ein menschliches Gesicht, und sogar auch einige Kleidungsstücke behalten. Er schwebte langsam und schwerfällig auf, offenbar um das fremde Kind zu verfolgen. Von Entsetzen und Graus erfaßt rannte Felix und Christlieb fort aus dem Walde. Erst auf der Wiese wagten sie emporzuschauen. Sie wurden einen glänzenden Punkt in den Wolken gewahr, der wie ein Stern funkelte und herabzuschweben schien. "Das ist das fremde Kind", rief Christlieb. Immer größer wurde der Stern und dabei hörten sie ein Klingen wie von schmetternden Trompeten. Bald konnten sie nun erkennen, daß der Stern ein schöner in gleißendem Goldgefieder prangender Vogel war, der die mächtigen Flügel schüttelnd und laut singend sich auf den Wald herabsenkte. „Ha", schrie Felix, „das ist der Fasanenfürst, der beißt den Herrn Magister Tinte tot - ha ha das fremde Kind ist geborgen und wir sind es auch! - Komm Christlieb - schnell laß uns nach Hause laufen und dem Papa erzählen, was sich zugetragen."

<small>WIE DER HERR VON BRAKEL DEN MAGISTER TINTE FORTJAGTE</small>

Der Herr von Brakel und die Frau von Brakel beide, saßen vor der Türe ihres kleinen Hauses, und schauten in das Abendrot, das schon hinter den blauen Bergen in goldenen Strahlen aufzuschimmern begann. Vor ihnen stand auf einem kleinen Tisch das Abendessen aufgetragen, das aus nichts anderm als einem tüchtigen Napf voll herrlicher Milch und einer Schüssel mit Butterbröten bestand. „Ich weiß nicht", fing der Herr von Brakel an, „ich weiß nicht, wo der Magister Tinte so lange mit den Kindern ausbleibt. Erst hat er sich gesperrt und durchaus nicht in den Wald gehen wollen, und jetzt kommt er gar nicht wieder heraus. Überhaupt ist das ein ganz wunderlicher Mann der Herr Magister Tinte und es ist mir beinahe so, als sei es besser gewesen, er wäre ganz davongeblieben. Daß er gleich anfangs die Kinder so heimtückisch stach, das hat mir gar nicht gefallen und mit seinen Wissenschaften mag es auch nicht weit her sein, denn allerlei seltsame Wörter und unverständliches Zeug plappert er her und weiß, was der Großmogul für Kamaschen[1] trägt; kommt er aber heraus, so vermag er nicht die Linde vom Kastanienbaum zu unterscheiden und hat sich überhaupt ganz albern und abgeschmackt. Die Kinder können unmöglich Respekt vor ihm haben." „Mir geht es", erwiderte die Frau von Brakel, „mir geht es ganz wie dir lieber Mann! So sehr es mich freute, daß der Herr Vetter sich unserer Kinder annehmen wollte, so sehr bin ich jetzt davon überzeugt, daß das auf andere und bessere Weise hätte geschehen können, als daß er uns den Herrn Magister Tinte über den Hals schickte. Wie es mit seinen Wissenschaften stehen mag, das weiß ich nicht, aber so

---

1 Kamaschen: = Gamaschen; Überzüge aus Leder für Schuhe

viel ist gewiß, daß das kleine schwarze dicke Männlein mit
den kleinen dünnen Beinchen mir immer mehr und mehr
zuwider wird. Vorzüglich ist es garstig, daß der Magister so
entsetzlich naschhaftig ist. Keine Neige Bier oder Milch kann
er stehen sehen, ohne sich darüber herzumachent merkt er
nun vollends den geöffneten Zuckerkasten, so ist er gleich
bei der Hand und schnuppert und nascht so lange an dem
Zucker, bis ich ihm den Deckel vor der Nase zuschlage; dann
ist er auf und davon und ärgert sich und brummt und summt
ganz seltsam und fatal." Der Herr von Brakel wollte fortfahren
im Gespräch, als Felix und Christlieb in vollem Rennen durch
die Birken kamen. „Heisa! - heisa!" - schrie Felix unaufhörlich,
„heisa heisa! der Fasanenfürst hat den Herrn Magister Tinte
totgebissen!" „Ach - ach Mama", rief Christlieb atemlos, „ach! -
der Herr Magister Tinte ist kein Herr Magister, das ist der
Gnomenkönig Pepser, eigentlich aber eine abscheuliche
große Fliege, die eine Perücke trägt, und Schuhe und Strümpfe." Die Eltern staunten die Kinder an, die nun ganz aufgeregt
und erhitzt durcheinander von dem fremden Kinde, von seiner Mutter der Feenkönigin, von dem Gnomenkönig Pepser
und von dem Kampf des Fasanenfürsten mit ihm erzählten.
„Wer hat euch denn die tollen Dinge in den Kopf gesetzt,
habt ihr geträumt oder was geschah sonst mit euch?" So fragte
Herr von Brakel einmal über das andere; aber die Kinder blieben dabei, daß sich alles so zugetragen, wie sie es erzählten,
und daß der häßliche Pepser, der sich für den Herrn Magister
Tinte fälschlich ausgegeben, tot im Walde liegen müsse. Die
Frau von Brakel schlug die Hände über den Kopf zusammen
und rief ganz traurig: „Ach Kinder, Kinder, was soll aus euch
werden, wenn euch solche entsetzliche Dinge in den Sinn
kommen und ihr euch davon nichts ausreden lassen wollt!" -
Aber der Herr von Brakel wurde sehr nachdenklich und
ernsthaft. „Felix", sprach er endlich, „Felix du bist nun schon
ein ganz verständiger Junge, und ich kann es dir wohl sagen,
daß auch mir der Herr Magister Tinte von Anfang an ganz
seltsam und verwunderlich vorgekommen ist. Ja es schien mir
oft, als habe es mit ihm eine besondere Bewandtnis und er
sei gar nicht so wie andere Magister. Noch mehr! - ich sowohl
als die Mutter, beide sind wir mit dem Herrn Magister Tinte
nicht ganz zufrieden, die Mutter vorzüglich, weil er ein
Naschmaul ist, alle Süßigkeiten beschnuppert und dabei so
häßlich brummt und summt, er wird daher auch wohl nicht
lange bei uns bleiben können. Aber nun, lieber Junge, besinne dich einmal, gesetzt auch, es gebe solche garstige Dinger
wie Gnomen sein sollen wirklich in der Welt, besinne dich
einmal, ob ein Herr Magister wohl eine Fliege sein kann?" -
Felix schaute dem Herrn von Brakel mit seinen blauen klaren
Augen ernsthaft ins Gesicht. Der Herr von Brakel wiederholte
die Frage: „Sag' mein Junge! kann wohl ein Herr Magister eine
Fliege sein?" Da sprach Felix: „Ich habe sonst nie daran
gedacht, und hätte es auch wohl nicht geglaubt wenn mir es

nicht das fremde Kind gesagt, und ich es mit eigenen Augen gesehen hätte, daß Pepser eine garstige Fliege ist und sich nur für den Magister Tinte ausgegeben hat. - Und Vater", fuhr Felix weiter fort, als Herr von Brakel wie einer, der vor Verwunderung gar nicht weiß was er sagen soll, stillschweigend den Kopf schüttelte, „und Vater, sage, hat dir der Herr Magister Tinte selbst nicht einmal entdeckt, daß er eine Fliege sei? - habe ich's denn nicht selbst gehört, daß er dir hier vor der Türe sagte, er sei auf der Schule eine muntre Fliege gewesen? Nun was man einmal ist, daß muß man, denk ich, auch bleiben. Und daß der Herr Magister, wie die Mutter zugesteht, so ein Naschmaul ist und an allem Süßen schnuppert, nun Vater! wie machen's denn die Fliegen anders? und das häßliche Summen und Brummen." „Schweig", rief der Herr von Brakel ganz erzürnt, „mag der Herr Magister Tinte sein was er will, aber so viel ist gewiß, daß der Fasanenfürst ihn nicht totgebissen hat, denn dort kommt er eben aus dem Walde!" Auf dieses Wort schrien die Kinder laut auf und flüchteten ins Haus hinein. In der Tat kam der Magister Tinte den Birken-Gang herauf, aber ganz verwildert mit funkelnden Augen, zerzauster Perücke im abscheulichen Sumsen und Brummen sprang er von einer Seite zur andern hoch auf und prallte mit dem Kopf gegen die Bäume an, daß man es krachen hörte. So herangekommen, stürzte er sich sofort in den Napf, daß die Milch überströmte, die er einschlürfte mit widrigem Rauschen. „Aber um tausend Gotteswillen, Herr Magister Tinte was treiben sie?" rief die Frau von Brakel. „Sind Sie toll geworden, Herr Magister, plagt sie der böse Feind?" schrie der Herr von Brakel. Aber alles nicht achtend schwang sich der Magister aus dem Milchnapf, setzte sich auf die Butterbröte hin, schüttelte die Rockschöße und wußte mit den dünnen Beinchen geschickt darüber hinzufahren und sie glattzustreichen und zu fälteln. Dann stärker summend schwang er sich gegen die Türe, aber er konnte nicht hineinfinden ins Haus, sondern schwankte wie betrunken hin und her und schlug gegen die Fenster an, daß es klirrte und schwirrte. „Ha Patron", rief der Herr von Brakel, „das sind dumme unnütze Streiche, wart' das soll dir übel bekommen." Er suchte den Magister bei dem Rockschoß zu haschen, der wußte ihm aber geschickt zu entgehen. Da sprang Felix aus dem Hause mit der großen Fliegenklatsche in der Hand, die er dem Vater gab. „Nimm Vater, nimm", rief er, „schlag ihn tot den häßlichen Pepser." Der Herr von Brakel ergriff auch wirklich die Fliegenklatsche, und nun ging es her hinter dem Herrn Magister. Felix, Christlieb, die Frau von Brakel hatten die Servietten vom Tische genommen und schwangen sie den Magister hin- und hertreibend in den Lüften, während Herr von Brakel unaufhörlich Schläge gegen ihn führte, die leider nicht trafen, weil der Magister sich hütete, auch nur einen Augenblick zu ruhen. Und wilder und wilder wurde die tolle Jagd - Summ - Summ - Simm - Simm - Trrr - Trrr - stürmte der Magister auf und nieder - und Klipp - Klapp fielen hageldichter des Herrn von Brakels Schläge und huß - huß - hetzten Felix, Christlieb und die Frau von Brakel den Feind. Endlich gelang es dem Herrn von Brakel, den Magister am Rockschoß zu treffen. Ächzend stürzte er zu Boden, aber in dem Augenblick, daß der Herr von Brakel ihn mit einem zweiten Schlage treffen wollte, schwang er sich mit erneuter doppelter Kraft in die Höhe, stürmte sausend und brausend nach den Birken hin und ließ sich nicht wieder sehen. „Gut daß wir den fatalen Herrn Magister Tinte los sind", sprach der Herr von Brakel, „über meine Schwelle soll er nicht wieder kommen." „Nein das soll er nicht", fiel die Frau von Brakel ein, „Hofmeister mit solchen abscheulichen Sitten können nur Unheil anstiften, da wo sie Gutes wirken sollen. - Prahlt mit den Wissenschaften und springt in den Milchnapf! - Das nenne ich mir einen schönen Magister!" - Aber die Kinder jauchzten und jubelten und riefen: „Heisa - Papa hat den Herrn Magister Tinte mit der Fliegenklatsche eins auf die Nase versetzt und da hat er Reißaus genommen! - Heisa - heisa!" -

WAS SICH WEITER IM WALDE BEGAB, NACHDEM DER MAGISTER TINTE FORTGEJAGT WORDEN

Felix und Christlieb atmeten frei auf, als sei ihnen eine schwere drückende Last vom Herzen genommen. Vor allem dachten sie aber daran, daß nun, da der häßliche Pepser von dannen[1] geflohen, das fremde Kind gewiß wiederkehren und so wie sonst mit ihnen spielen würde. Ganz erfüllt von freudiger Hoffnung gingen sie in den Wald; aber es war alles still und wie verödet drin, kein lustiges Lied von Fink und Zeisig ließ sich hören und statt des fröhlichen Rauschens der Gebüsche, statt des frohen tönenden Wogens der Waldbäche wehten angstvolle Seufzer durch die Lüfte. Nur bleiche Strahlen warf die Sonne durch den dunstigen Himmel. Bald türmte sich schwarzes Gewölk auf, der Sturm heulte, der Donner begann in der Ferne zürnend zu murmeln, die hohen Tannen dröhnten und krachten. Christlieb schloß sich zitternd und zagend an Felix an; der sprach aber: „Was fürchtest du dich so Christlieb, es zieht ein Wetter auf, wir müssen machen, daß wir nach Hause kommen." Sie fingen an zu laufen, doch wußten sie selbst nicht wie es geschah, daß sie statt aus dem Walde heraus zu kommen immer tiefer hinein gerieten. Es wurde finsterer und finsterer, dicke Regentropfen fielen herab und Blitze fuhren zischend hin und her! - Die Kinder standen an einem dicken dichten Gestrüpp, „Christlieb", sprach Felix, „laß uns hier ein bißchen unterducken, nicht lange kann das Wetter dauern." Christlieb weinte vor Angst, tat aber doch, was Felix geheißen. Aber kaum hatten sie sich hingesetzt in das dicke Gebüsch, als es dicht hinter ihnen mit häßlich knarrenden Stimmen sprach: „Dumme Dinger! - einfältig Volk - habt uns verachtet - habt nicht gewußt, was ihr mit uns anfan-

1 von dannen: weg gehen

gen sollt, nun könnt ihr sitzen ohne Spielsachen ihr einfältigen Dinger!" Felix schaute sich um und es wurde ihm ganz unheimlich zu Mute, wie er den Jäger und den Harfenmann erblickte, die sich aus dem Gestrüpp, wo er sie hineingeworfen, erhoben, ihn mit toten Augen anstarrten und mit den kleinen Händchen herumfochten und hantierten. Dazu griff der Harfenmann in die Saiten, daß es recht widrig zwitscherte und klirrte, und der Jägersmann legte gar die kleine Flinte auf Felix an. Dazu krächzten beide: „Wart - Wart du Junge, du Mädel, wir sind die gehorsamen Zöglinge des Herrn Magister Tinte, gleich wird er hier sein und da wollen wir euch euren Trotz schon eintränken!" - Entsetzt, des Regens, der nun herabströmte, der krachenden Donnerschläge, des Sturms, der mit dumpfem Brausen durch die Tannen fuhr, nicht achtend, rannten die Kinder von dannen und gerieten an das Ufer des großen Teichs, der den Wald begrenzte. Aber kaum waren sie hier, als sich aus dem Schilf Christliebs große Puppe, die Felix hineingeworfen, erhob und mit häßlicher Stimme quäkte: „Dumme Dinger, einfältig Volk - habt mich verachtet - habt nicht gewußt, was ihr mit mir anfangen sollt, nun könnt ihr sitzen ohne Spielsachen, ihr einfältigen Dinger; wart' wart' du Junge, du Mädel ich bin der gehorsame Zögling des Herrn Magister Tinte, gleich wird er hier sein und da wollen wir euch euren Trotz schon eintränken!" - Und dazu spritzte die häßliche Puppe den armen Kindern, die schon vom Regen ganz durchnäßt waren, ganze Ströme Wasser ins Gesicht. Felix konnte diesen entsetzlichen Spuk nicht vertragen, die arme Christlieb war halb tot, aufs neue rannten sie davon, aber bald mitten im Walde sanken sie vor Angst und Erschöpfung nieder. Da summte und brauste es hinter ihnen. „Der Magister Tinte kommt", schrie Felix, aber in dem Augenblick vergingen ihm auch so wie der armen Christlieb die Sinne. Als sie wie aus tiefem Schlafe erwachten, befanden sie sich auf einen weichen Moossitz. Das Wetter war vorüber, die Sonne schien hell und freundlich und die Regentropfen hingen wie funkelnde Edelsteine an den glänzenden Büschen und Bäumen. Hoch verwunderten sich die Kinder darüber, daß ihre Kleider ganz trocken waren und sie gar nichts von der Kälte und Nässe spürten. „Ach", rief Felix, indem er beide Ärme hoch in Lüfte emporstreckte: „Ach das fremde Kind hat uns beschützt!" Und nun riefen beide, Felix und Christlieb, laut, daß es im Walde widertönte: „Ach du liebes Kind, komme doch nur wieder zu uns, wir sehnen uns ja so herzlich nach dir, wir können ja ohne dich gar nicht leben!" - Es schien auch, als wenn ein heller Strahl durch die Gebüsche funkelte, von dem berührt die Blumen ihre Häupter erhoben; aber riefen auch wehmütiger und wehmütiger die Kinder nach dem holden Gespielen, nichts ließ sich weiter sehen. Traurig schlichen sie nach Hause, wo die Eltern nicht wenig wegen des Ungewitters um sie bekümmert, sie mit voller Freude empfingen. Der Herr von Brakel sprach: „Es ist nur gut, daß ihr da

31

seid, ich muß gestehen, daß ich fürchtete, der Herr Magister
Tinte schwärme noch im Walde umher, und sei euch auf der
Spur." Felix erzählte alles, was sich im Walde begeben. „Das
sind tolle Einbildungen", rief die Frau von Brakel, „wenn euch
draußen im Walde solch verrücktes Zeug träumt, sollt ihr gar
nicht mehr hingehen, sondern im Hause bleiben." Das geschah
denn nun freilich nicht, denn wenn die Kinder baten: „Liebe
Mutter laß' uns ein bißchen in den Wald laufen!", so sprach
die Frau von Brakel: „Geht nur, geht und kommt hübsch ver-
ständig zurück." Es geschah aber, daß die Kinder in kurzer
Zeit selbst gar nicht mehr in den Wald gehen mochten. Ach! -
das fremde Kind ließ sich nicht sehen und sowie Felix und
Christlieb sich nur tiefer ins Gebüsch wagten oder sich dem
Ententeich nahten, so wurden sie von dem Jäger, dem Harfenmännlein, der Puppe ausgehöhnt: „Dumme Dinger, einfältig Volk nun könnt ihr sitzen ohne Spielzeug - habt nichts mit
uns artigen gebildeten Leuten anzufangen gewußt- dumme
Dinger, einfältig Volk!" - Das war gar nicht auszuhalten, die
Kinder blieben lieber im Hause.

BESCHLUß

„Ich weiß nicht", sprach der Herr Thaddäus von Brakel
eines Tages zu der Frau von Brakel, „ich weiß nicht, wie mir
seit einigen Tagen so seltsam und wunderlich zu Mute ist.
Beinahe möchte ich glauben, daß der böse Magister Tinte mir
es angetan hat, denn seit dem Augenblick, als ich ihm eins mit
der Fliegenklatsche versetzte und ihn forttrieb, liegt es mir in
allen Gliedern wie Blei." In der Tat wurde auch der Herr von
Brakel mit jedem Tage matter und blässer. Er durchstrich nicht
mehr wie sonst die Flur, er polterte und wirtschaftete nicht
mehr im Hause umher, sondern saß stundenlang in tiefe
Gedanken versenkt und dann ließ er sich von Felix und
Christlieb erzählen, wie es sich mit dem fremden Kinde begeben. Sprachen die denn nun recht mit vollem Eifer von den
herrlichen Wundern des fremden Kindes, von dem prächtigen
glänzenden Reiche, wo es zu Hause, dann lächelte er wehmütig und die Tränen traten ihm in die Augen. Darüber konnten sich Felix und Christlieb aber gar nicht zufrieden geben,
daß das fremde Kind nun davonbleibe und sie der Quälerei
der häßlichen Puppen im Gebüsch und im Ententeiche bloß
stelle, weshalb sie gar nicht mehr sich in den Wald wagen
möchten. „Kommt, meine Kinder, wir wollen zusammen in
den Wald gehen, die bösen Zöglinge des Herrn Magister Tinte
sollen euch keinen Schaden tun!" So sprach an einem schönen hellen Morgen der Herr von Brakel zu Felix und Christlieb, nahm sie bei der Hand und ging mit ihnen in den Wald,
der heute mehr als jemals voller Glanz, Wohlgeruch und Gesang war. Als sie sich ins weiche Gras unter duftenden Blumen gelagert hatten, fing der Herr von Brakel in folgender Art
an: „Ihr lieben Kinder, es liegt mir recht am Herzen und ich
kann es nun gar nicht mehr aufschieben, euch zu sagen, daß

ich ebenso gut wie ihr das holde fremde Kind, das euch hier im Walde so viel Herrliches schauen ließ, kannte. Als ich so alt war wie ihr, hat es mich so wie euch besucht und die wunderbarsten Spiele gespielt. Wie es mich dann verlassen hat, darauf kann ich mich gar nicht besinnen und es ist mir ganz unerklärlich, wie ich das holde Kind so ganz und gar vergessen konnte, daß ich, als ihr mir von seiner Erscheinung erzähltet, gar nicht daran glaubte; wiewohl ich oftmals die Wahrheit davon leise ahnte. Seit einigen Tagen gedenke ich aber so lebhaft meiner schönen Jugendzeit, wie ich es seit vielen Jahren gar nicht vermochte. Da ist denn auch das holde Zauberkind so glänzend und herrlich, wie ihr es geschaut habt, mir in den Sinn gekommen und dieselbe Sehnsucht, von der ihr ergriffen, erfüllt meine Brust, aber sie wird mir das Herz zerreißen! - Ich fühl' es, daß ich zum letztenmal hier unter diesen schönen Bäumen und Büschen sitze, ich werde euch bald verlassen ihr Kinder! - Haltet, wenn ich tot bin, nur recht fest an dem holden Kinde!" - Felix und Christlieb waren außer sich vor Schmerz, sie weinten und jammerten und riefen laut: „Nein Vater - nein Vater, du wirst nicht sterben, du wirst noch lange lange bei uns bleiben und so wie wir mit dem fremden Kinde spielen!" - Aber Tages darauf lag der Herr von Brakel schon krank im Bette. Es erschien ein langer hagerer Mann, der dem Herrn von Brakel an den Puls fühlte und darauf sprach: „Das wird sich geben!" Es gab sich aber nicht, sondern der Herr von Brakel war am dritten Tage tot. Ach wie jammerte die Frau von Brakel, wie rangen die Kinder die Hände, wie schrien sie laut: „Ach unser Vater - unser lieber Vater!" - Bald darauf, als die vier Bauern von Brakelheim ihren Herrn zu Grabe getragen hatten, erschienen ein paar häßliche Männer im Hause, die beinahe aussahen wie der Magister Tinte. Die erklärten der Frau von Brakel, daß sie das ganze Gütchen und alles im Hause in Beschlag nehmen müßten, weil der verstorbene Herr Thaddäus von Brakel das alles und noch viel mehr dem Herrn Grafen Cyprianus von Brakel schuldig geworden sei, der nun das Seinige zurückverlange. So war denn nun die Frau von Brakel bettelarm geworden und mußte das schöne Dörfchen Brakelheim verlassen. Sie wollte zu einem Verwandten hin, der nicht fern wohnte, und schnürte daher ein kleines Bündelchen mit der wenigen Wäsche und den geringen Kleidungsstücken, die man ihr gelassen, Felix und Christlieb mußten ein Gleiches tun, und so zogen sie unter vielen Tränen fort aus dem Hause. Schon hörten sie das ungestüme Rauschen des Waldstroms, über dessen Brücke sie wollten, als die Frau von Brakel vor bitterm Schmerz ohnmächtig zu Boden sank. Da fielen Felix und Christlieb auf die Knie nieder und schluchzten und jammerten: „O wir armen unglücklichen Kinder! nimmt sich denn keiner unsers Elends an?" In dem Augenblick war es, als werde das ferne Rauschen des Waldstroms zu lieblicher Musik, das Gebüsch rührte sich in ahnungsvollem Säuseln - und bald strahlte der ganze Wald in wunderbarem funkelnden Feuer. Das fremde Kind trat aus dem süßduftenden Laube hervor, aber von solchem blendenden Glanz umflossen, daß Felix und Christlieb die Augen schließen mußten. Da fühlten sie sich sanft berührt und des fremden Kindes holde Stimme sprach: „O klagt nicht so, ihr meine lieben Gespielen! Lieb' ich euch denn nicht mehr? Kann ich euch denn wohl verlassen? Nein! - seht ihr mich auch nicht mit leiblichen Augen, so umschwebe ich euch doch beständig und helfe euch mit meiner Macht, daß ihr froh und glücklich werden sollet immerdar. Behaltet mich nur treu im Herzen, wie ihr es bis jetzt getan, dann vermag der böse Pepser und kein anderer Widersacher etwas über euch! - liebt mich nur stets recht treulich!" „O das wollen wir, das wollen wir!" riefen Felix und Christlieb, „wir lieben dich ja mit ganzer Seele." Als sie die Augen wieder aufzuschlagen vermochten, war das fremde Kind verschwunden, aber aller Schmerz war von ihnen gewichen und sie empfanden die Wonne des Himmels, die in ihrem Innersten aufgegangen. Die Frau von Brakel richtete sich nun auch langsam empor und sprach: „Kinder! ich habe euch im Traum gesehen, wie ihr wie in lauter funkelndem Golde standet und dieser Anblick hat mich auf wunderbare Weise erfreut und getröstet." Das Entzücken strahlte in der Kinder Augen, glänzte auf ihren hochroten Wangen. Sie erzählten, wie eben das fremde Kind bei ihnen gewesen sei und sie getröstet habe; da sprach die Mutter: „Ich weiß nicht, warum ich heute an euer Märchen glauben muß, und warum dabei so aller Schmerz, alle Sorgen von mir weichen. Laßt uns nun getrost weiter gehen." Sie wurden von dem Verwandten freundlich aufgenommen, dann kam es, wie das fremde Kind es verheißen. Alles was Felix und Christlieb unternahmen, geriet so überaus wohl, daß sie samt ihrer Mutter froh und glücklich wurden und noch in später Zeit spielten sie in süßen Träumen mit dem fremden Kinde, das nicht aufhörte, ihnen die lieblichsten Wunder seiner Heimat mitzubringen.

NUßKNACKER UND MAUSEKÖNIG

DER WEIHNACHTSABEND

Am vierundzwanzigsten Dezember durften die Kinder des Medizinalrats Stahlbaum den ganzen Tag über durchaus nicht in die Mittelstube hinein, viel weniger in das daran stoßende Prunkzimmer. In einem Winkel des Hinterstübchens zusammengekauert, saßen Fritz und Marie, die tiefe Abenddämmerung war eingebrochen und es wurde ihnen recht schaurig zu Mute, als man, wie es gewöhnlich an dem Tage geschah, kein Licht hereinbrachte. Fritz entdeckte ganz insgeheim wispernd der jüngern Schwester (sie war eben erst sieben Jahr alt worden), wie er schon seit früh morgens es habe in den verschlossenen Stuben rauschen und rasseln, und leise pochen hören. Auch sei nicht längst ein kleiner dunkler Mann mit einem großen Kasten unter dem Arm über den Flur geschlichen, er wisse aber wohl, daß es niemand anders gewesen als Pate Droßelmeier. Da schlug Marie die kleinen Händchen voll Freude zusammen und rief: „Ach was wird nun Pate Droßelmeier für uns Schönes gemacht haben." Der Obergerichtsrat Droßelmeier war gar kein hübscher Mann, nur klein und mager, hatte viele Runzeln im Gesicht, statt des rechten Auges ein großes schwarzes Pflaster und auch gar keine Haare, weshalb er eine sehr schöne weiße Perücke trug, die war aber von Glas und ein künstliches Stück Arbeit. Überhaupt war der Pate selbst auch ein sehr künstlicher Mann, der sich sogar auf Uhren verstand und selbst welche machen konnte. Wenn daher eine von den schönen Uhren in Stahlbaums Hause krank war und nicht singen konnte, dann kam Pate Droßelmeier, nahm die Glasperücke ab, zog sein gelbes Röckchen aus, band eine blaue Schürze um und stach mit spitzen Instrumenten in die Uhr hinein, so daß es der kleinen Marie ordentlich wehe tat, aber es verursachte der Uhr gar keinen Schaden, sondern sie wurde vielmehr wieder lebendig und fing an recht lustig zu schnurren, zu schlagen und zu singen, worüber denn alles große Freude hatte. Immer trug er, wenn er kam, was Hübsches für die Kinder in der Tasche, bald ein Männlein, das die Augen verdrehte und Komplimente machte, welches komisch anzusehen war, bald eine Dose, aus der ein Vögelchen heraushüpfte, bald was anderes. Aber zu Weihnachten, da hatte er immer ein schönes künstliches Werk verfertigt, das ihm viel Mühe gekostet, weshalb es auch, nachdem es einbeschert worden, sehr sorglich von den Eltern aufbewahrt wurde. - „Ach, was wird nur Pate Droßelmeier für uns Schönes gemacht haben", rief nun Marie; Fritz meinte aber, es könne wohl diesmal nichts anders sein, als eine Festung, in der allerlei sehr hübsche Soldaten auf- und abmarschierten und exerzierten und dann müßten andere Soldaten kommen, die in die Festung hineinwollten, aber nun schössen die Soldaten von innen tapfer heraus mit Kanonen, daß es tüchtig brauste und knallte. „Nein, nein", unterbrach Marie den Fritz: „Pate Droßelmeier hat mir von einem schönen Garten erzählt, darin ist ein großer See, auf dem schwimmen sehr herrliche Schwäne mit goldnen Halsbändern herum und singen die hübschesten Lieder. Dann kommt ein kleines Mädchen aus dem Garten an den See und lockt die Schwäne heran, und füttert sie mit süßem Marzipan." „Schwäne fressen keinen Marzipan", fiel Fritz etwas rauh ein, „und einen ganzen Garten kann Pate Droßelmeier auch nicht machen. Eigentlich haben wir wenig von seinen Spielsachen; es wird uns ja alles gleich wieder weggenommen, da ist mir denn doch das viel lieber, was uns Papa und Mama einbescheren, wir behalten es fein und können damit machen, was wir wollen." Nun rieten die Kinder hin und her, was es wohl diesmal wieder geben könne. Marie meinte, daß Mamsell Trutchen (ihre große Puppe) sich sehr verändere, denn ungeschickter als jemals fiele sie jeden Augenblick auf den Fußboden, welches ohne garstige Zeichen im Gesicht nicht abginge, und dann sei an Reinlichkeit in der Kleidung gar nicht mehr zu denken. Alles tüchtige Ausschelten helfe nichts. Auch habe Mama gelächelt, als sie sich über Gretchens kleinen Sonnenschirm so gefreut. Fritz versicherte dagegen, ein tüchtiger Fuchs fehle seinem Marstall[1] durchaus so wie - seinen Truppen gänzlich an Kavallerie, das sei dem Papa recht gut bekannt. - So wußten die Kinder wohl, daß die Eltern ihnen allerlei schöne Gaben eingekauft hatten, die sie nun aufstellten, es war ihnen aber auch gewiß, daß dabei der liebe heilge Christ mit gar freundlichen frommen Kindesaugen hineinleuchte und daß wie von segensreicher Hand berührt, jede Weihnachtsgabe herrliche Lust bereite wie keine andere. Daran erinnerten die Kinder, die immerfort von den zu erwartenden Geschenken wisperten, ihre ältere Schwester Luise hinzufügend, daß es nun aber auch der heilge Christ sei, der durch die Hand der lieben Eltern den Kindern immer das beschere, was ihnen wahre Freude und Lust bereiten könne, das wisse er viel besser als die Kinder selbst, die müßten daher nicht allerlei wünschen und hoffen, sondern still und fromm erwarten, was ihnen beschert worden. Die kleine Marie wurde ganz nachdenklich, aber Fritz murmelte vor sich hin: „Einen Fuchs und Husaren[2] hätt' ich nun einmal gern."

Es war ganz finster geworden, Fritz und Marie fest aneinander gerückt, wagten kein Wort mehr zu reden, es war ihnen, als rausche es mit linden Flügeln um sie her und als ließe sich eine ganz ferne, aber sehr herrliche Musik vernehmen. Ein heller Schein streifte an der Wand hin, da wußten die Kinder, daß nun das Christkind auf glänzenden Wolken fortgeflogen zu andern glücklichen Kindern. In dem Augenblick ging es mit silberhellem Ton: Klingling, klingling, die Türen sprangen auf, und solch ein Glanz strahlte aus dem ganzen Zimmer hinein, daß die Kinder mit lautem Ausruf: „Ach! - Ach!" wie erstarrt auf der Schwelle stehenblieben. Aber Papa und Mama traten in die Türe, faßten die Kinder bei der Hand und sprachen: „Kommt doch nur, kommt doch nur, ihr lieben Kinder, und seht, was euch der heilige Christ beschert hat."

DIE GABEN

Ich wende mich an dich selbst, sehr geneigter Leser oder Zuhörer Fritz - Theodor - Ernst - oder wie du sonst heißen magst, und bitte dich, daß du dir deinen letzten mit schönen bunten Gaben reich geschmückten Weihnachtstisch recht lebhaft vor Augen bringen mögest, dann wirst du es dir wohl auch denken können, wie die Kinder mit glänzenden Augen

1 Marstall: Stallung eines Fürstenhofs
2 Husaren: leichtbewaffnete Reiter

ganz verstummt stehenblieben, wie erst nach einer Weile
Marie mit einem tiefen Seufzer rief: „Ach wie schön - ach wie
schön" und Fritz einige Luftsprünge versuchte, die ihm überaus wohl gerieten. Aber die Kinder mußten auch das ganze
Jahr über besonders artig und fromm gewesen sein, denn nie
war ihnen so viel Schönes, Herrliches einbeschert worden als
dieses Mal. Der große Tannenbaum in der Mitte trug viele
goldne und silberne Äpfel, und wie Knospen und Blüten
keimten Zuckermandeln und bunte Bonbons und was es
sonst noch für schönes Naschwerk gibt, aus allen Ästen. Als
das Schönste an dem Wunderbaum mußte aber wohl gerühmt
werden, daß in seinen dunkeln Zweigen hundert kleine Lichter wie Sternlein funkelten und er selbst in sich hinein- und
herausleuchtend die Kinder freundlich einlud, seine Blüten
und Früchte zu pflücken. Um den Baum umher glänzte alles
sehr bunt und herrlich - was es da alles für schöne Sachen
gab - ja! wer das zu beschreiben vermöchte! Marie erblickte
die zierlichsten Puppen, allerlei saubere kleine Gerätschaften
und was vor allem schön anzusehen war, ein seidenes Kleidchen, mit bunten Bändern zierlich geschmückt, hing an
einem Gestell so der kleinen Marie vor Augen, daß sie es von
allen Seiten betrachten konnte, und das tat sie denn auch,
indem sie einmal über das andere ausrief: „Ach das schöne,
ach das liebe - liebe Kleidchen; und das werde ich - ganz
gewiß - das werde ich wirklich anziehen dürfen!" - Fritz hatte
indessen schon drei- oder viermal um den Tisch herum
galoppierend und trabend den neuen Fuchs versucht, den er
in der Tat am Tische angezäumt gefunden. Wieder absteig-
gend, meinte er: es sei eine wilde Bestie, das täte aber nichts,
er wolle ihn schon kriegen, und musterte die neue Schwadron[1] Husaren, die sehr prächtig in Rot und Gold gekleidet
waren, lauter silberne Waffen trugen und auf solchen weiß-
glänzenden Pferden ritten, daß man beinahe hätte glauben
sollen, auch diese seien von purem Silber. Eben wollten die
Kinder, etwas ruhiger geworden, über die Bilderbücher her,
die aufgeschlagen waren, daß man allerlei sehr schöne Blumen und bunte Menschen, ja auch allerliebste spielende Kinder, so natürlich gemalt, als lebten und sprächen sie wirklich,
gleich anschauen konnte. - Ja! eben wollten die Kinder über
diese wunderbaren Bücher her, als nochmals geklingelt wurde.
Sie wußten, daß nun Pate Droßelmeier einbescheren würde,
und liefen nach dem an der Wand stehenden Tisch. Schnell
wurde der Schirm, hinter dem er so lange versteckt gewesen,
weggenommen. Was erblickten da die Kinder! - Auf einem
grünen mit bunten Blumen geschmückten Rasenplatz stand
ein sehr herrliches Schloß mit vielen Spiegelfenstern und
goldnen Türmen. Ein Glockenspiel ließ sich hören, Türen und
Fenster gingen auf, und man sah, wie sehr kleine aber zierliche Herrn und Damen mit Federhüten und langen Schlepp-

---

1 Schwadron: kleinere Einheit der Reiterei

kleidern in den Sälen herumspazierten. In dem Mittelsaal, der ganz in Feuer zu stehen schien - so viel Lichterchen brannten an silbernen Kronleuchtern - tanzten Kinder in kurzen Wämschen[1] und Röckchen nach dem Glockenspiel. Ein Herr in einem smaragdenen Mantel sah oft durch ein Fenster, winkte heraus und verschwand wieder, so wie auch Pate Droßelmeier selbst, aber kaum viel höher als Papas Daumen, zuweilen unten an der Tür des Schlosses stand und wieder hineinging. Fritz hatte mit auf den Tisch gestemmten Armen das schöne Schloß und die tanzenden und spazierenden Figürchen angesehen, dann sprach er: „Pate Droßelmeier! Laß mich mal hineingehen in dein Schloß!" - Der Obergerichtsrat bedeutete ihm, daß das nun ganz und gar nicht anginge. Er hatte auch recht, denn es war töricht von Fritzen, daß er in ein Schloß gehen wollte, welches überhaupt mitsamt seinen goldnen Türmen nicht so hoch war, als er selbst. Fritz sah das auch ein. Nach einer Weile, als immerfort auf dieselbe Weise die Herrn und Damen hin und her spazierten, die Kinder tanzten, der smaragdne Mann zu demselben Fenster heraussah, Pate Droßelmeier vor die Türe trat, da rief Fritz ungeduldig: „Pate Droßelmeier, nun komm mal zu der andern Tür da drüben heraus." „Das geht nicht, liebes Fritzchen", erwiderte der Obergerichtsrat. „Nun so laß mal", sprach Fritz weiter, „laß mal den grünen Mann, der so oft herauskuckt, mit den andern herumspazieren." „Das geht auch nicht", erwiderte der Obergerichtsrat aufs neue. „So sollen die Kinder herunterkommen", rief Fritz, „ich will sie näher besehen." „Ei das geht alles nicht", sprach der Obergerichtsrat verdrießlich, „wie die Mechanik nun einmal gemacht ist, muß sie bleiben." „So - o?" frug Fritz mit gedehntem Ton, „das geht alles nicht? Hör mal Pate Droßelmeier, wenn deine kleinen geputzten Dinger in dem Schlosse nichts mehr können als immer dasselbe, da taugen sie nicht viel, und ich frage nicht sonderlich nach ihnen. - Nein, da lob ich mir meine Husaren, die müssen manövrieren vorwärts, rückwärts, wie ichs haben will, und sind in kein Haus eingesperrt." Und damit sprang er fort an den Weihnachtstisch und ließ seine Eskadron[2] auf den silbernen Pferden hin und her trottieren und schwenken und einhauen und feuern nach Herzenslust. Auch Marie hatte sich sachte fortgeschlichen, denn auch sie wurde des Herumgehens und Tanzens der Püppchen im Schlosse bald überdrüssig, und mochte es, da sie sehr artig und gut war, nur nicht so merken lassen, wie Bruder Fritz. Der Obergerichtsrat Droßelmeier sprach ziemlich verdrießlich zu den Eltern: „Für unverständige Kinder ist solch künstliches Werk nicht, ich will nur mein Schloß wieder einpacken"; doch die Mutter trat hinzu, und ließ sich den innern Bau und das wunderbare, sehr künstliche Räderwerk zeigen, wodurch die kleinen Püppchen in Bewegung

1 Wämschen: Kleidern
1 Eskadron: Schwadron

gesetzt wurden. Der Rat nahm alles auseinander, und setzte es wieder zusammen. Dabei war er wieder ganz heiter geworden, und schenkte den Kindern noch einige schöne braune Männer und Frauen mit goldnen Gesichtern, Händen und Beinen. Sie waren sämtlich aus Thorn, und rochen so süß und angenehm wie Pfefferkuchen, worüber Fritz und Marie sich sehr erfreuten. Schwester Luise hatte, wie es die Mutter gewollt, das schöne Kleid angezogen, welches ihr einbeschert worden, und sah wunderhübsch aus, aber Marie meinte, als sie auch ihr Kleid anziehen sollte, sie möchte es lieber noch ein bißchen so ansehen. Man erlaubte ihr das gern.

DER SCHÜTZLING

Eigentlich mochte Marie sich deshalb gar nicht von dem Weihnachtstisch trennen, weil sie eben etwas noch nicht Bemerktes entdeckt hatte. Durch das Ausrücken von Fritzens Husaren, die dicht an dem Baum in Parade gehalten, war nämlich ein sehr vortrefflicher kleiner Mann sichtbar geworden, der still und bescheiden dastand, als erwarte er ruhig, wenn die Reihe an ihn kommen werde. Gegen seinen Wuchs wäre freilich vieles einzuwenden gewesen, denn abgesehen davon, daß der etwas lange, starke Oberleib nicht recht zu den kleinen dünnen Beinchen passen wollte, so schien auch der Kopf bei weitem zu groß. Vieles machte die propre[1] Kleidung gut, welche auf einen Mann von Geschmack und Bildung schließen ließ. Er trug nämlich ein sehr schönes violett-glänzendes Husarenjäckchen mit vielen weißen Schnüren und Knöpfchen, und solche Beinkleider, und die schönsten Stiefelchen, die jemals an die Füße eines Studenten, ja wohl gar eines Offiziers gekommen sind. Sie saßen an den zierlichen Beinchen so knapp angegossen, als wären sie darauf gemalt. Komisch war es zwar, daß er zu dieser Kleidung sich hinten einen schmalen unbeholfenen Mantel, der recht aussah wie von Holz, angehängt, und ein Bergmannsmützchen aufgesetzt hatte, indessen dachte Marie daran, daß Pate Droßelmeier ja auch einen sehr schlechten Matin umhänge, und eine fatale Mütze aufsetze, dabei aber doch ein gar lieber Pate sei. Auch stellte Marie die Betrachtung an, daß Pate Droßelmeier, trüge er sich auch übrigens so zierlich wie der Kleine, doch nicht einmal so hübsch als er aussehen werde. Indem Marie den netten Mann, den sie auf den ersten Blick lieb gewonnen, immer mehr und mehr ansah, da wurde sie erst recht inne, welche Gutmütigkeit auf seinem Gesichte lag. Aus den hellgrünen, etwas zu großen hervorstehenden Augen sprach nichts als Freundschaft und Wohlwollen. Es stand dem Manne gut, daß sich um sein Kinn ein wohlfrisierter Bart von weißer Baumwolle legte, denn um so mehr konnte man das süße Lächeln des hochroten Mundes bemerken. „Ach!" rief Marie endlich aus: „Ach lieber Vater, wem gehört denn der allerlieb-

---

1 propre: *franz.* sauber, rein

ste kleine Mann dort am Baum?" „Der", antwortete der Vater, „der, liebes Kind! soll für euch alle tüchtig arbeiten, er soll euch fein die harten Nüsse aufbeißen, und er gehört Luisen ebenso gut, als dir und dem Fritz." Damit nahm ihn der Vater behutsam vom Tische, und indem er den hölzernen Mantel in die Höhe hob, sperrte das Männlein den Mund weit, weit auf, und zeigte zwei Reihen sehr weißer spitzer Zähnchen. Marie schob auf des Vaters Geheiß eine Nuß hinein, und - knack - hatte sie der Mann zerbissen, daß die Schalen abfielen, und Marie den süßen Kern in die Hand bekam. Nun mußte wohl jeder und auch Marie wissen, daß der zierliche kleine Mann aus dem Geschlecht der Nußknacker abstammte, und die Profession seiner Vorfahren trieb. Sie jauchzte auf vor Freude, da sprach der Vater: „Da dir, liebe Marie, Freund Nußknacker so sehr gefällt, so sollst du ihn auch besonders hüten und schützen, unerachtet, wie ich gesagt, Luise und Fritz ihn mit ebenso vielem Recht brauchen können als du!" - Marie nahm ihn sogleich in den Arm, und ließ ihn Nüsse aufknacken, doch suchte sie die kleinsten aus, damit das Männlein nicht so weit den Mund aufsperren durfte, welches ihm doch im Grunde nicht gut stand. Luise gesellte sich zu ihr, und auch für sie mußte Freund Nußknacker seine Dienste verrichten, welches er gern zu tun schien, da er immerfort sehr freundlich lächelte. Fritz war unterdessen vom vielen Exerzieren und Reiten müde geworden, und da er so lustig Nüsse knacken hörte, sprang er hin zu den Schwestern, und lachte recht von Herzen über den kleinen drolligen Mann, der nun, da Fritz auch Nüsse essen wollte, von Hand zu Hand ging, und gar nicht aufhören konnte mit Auf- und Zuschnappen. Fritz schob immer die größten und härtesten Nüsse hinein, aber mit einem Male ging es - krack - krack - und drei Zähnchen fielen aus des Nußknackers Munde, und sein ganzes Unterkinn war lose und wackligt. - „Ach mein armer lieber Nußknacker!" schrie Marie laut, und nahm ihn dem Fritz aus den Händen. „Das ist ein einfältiger dummer Bursche", sprach Fritz. „Will Nußknacker sein, und hat kein ordentliches Gebiß - mag wohl auch sein Handwerk gar nicht verstehn. - Gib ihn nur her, Marie! Er soll mir Nüsse zerbeißen, verliert er auch noch die übrigen Zähne, ja das ganze Kinn obendrein, was ist an dem Taugenichts gelegen." „Nein, nein", rief Marie weinend, „du bekommst ihn nicht, meinen lieben Nußknacker, schau nur her, wie er mich so wehmütig anschaut, und mir sein wundes Mündchen zeigt! - Aber du bist ein hartherziger Mensch - du schlägst deine Pferde, und läßt wohl gar einen Soldaten totschießen." - „Das muß so sein, das verstehst du nicht", rief Fritz; „aber der Nußknacker gehört ebenso gut mir, als dir, gib ihn nur her." - Marie fing an heftig zu weinen, und wickelte den kranken Nußknacker schnell in ihr kleines Taschentuch ein. Die Eltern kamen mit dem Paten Droßelmeier herbei. Dieser nahm zu Mariens Leidwesen Fritzens Partie, der Vater sagte aber: „Ich habe den Nußknacker ausdrücklich unter Mariens Schutz gestellt, und da, wie ich sehe, er dessen eben jetzt bedarf, so hat sie volle Macht über ihn, ohne daß jemand dreinzureden hat. Übrigens wundert es mich sehr von Fritzen, daß er von einem im Dienst Erkrankten noch fernere Dienste verlangt. Als guter Militair sollte er doch wohl wissen, daß man Verwundete niemals in Reihe und Glied stellt?" - Fritz war sehr beschämt, und schlich, ohne sich weiter um Nüsse und Nußknacker zu bekümmern, fort an die andere Seite des Tisches, wo seine Husaren, nachdem sie gehörige Vorposten ausgestellt hatten, ins Nachtquartier gezogen waren. Marie suchte Nußknackers verlorne Zähnchen zusammen, um das kranke Kinn hatte sie ein hübsches weißes Band, das sie von ihrem Kleidchen abgelös't, gebunden, und dann den armen Kleinen, der sehr blaß und erschrocken aussah, noch sorgfältiger als vorher in ihr Tuch eingewickelt. So hielt sie ihn wie ein kleines Kind wiegend in den Armen und besah die schönen Bilder des neuen Bilderbuchs das heute unter den andern vielen Gaben lag. Sie wurde, wie es sonst gar nicht ihre Art war, recht böse, als Pate Droßelmeier so sehr lachte, und immerfort frug: wie sie denn mit einem solchen grundhäßlichen kleinen Kerl so schön tun könne? - Jener sonderbare Vergleich mit Droßelmeier, den sie anstellte, als der Kleine ihr zuerst in die Augen fiel, kam ihr wieder in den Sinn, und sie sprach sehr ernst: „Wer weiß, lieber Pate, ob du dich, putztest du dich auch so heraus wie mein lieber Nußknacker, und hättest du auch solche schöne blanke Stiefelchen an, wer weiß, ob du denn doch so hübsch aussehen würdest, als er!" - Marie wußte gar nicht, warum denn die Eltern so laut auflachten, und warum der Obergerichtsrat solch eine rote Nase bekam, und gar nicht so hell mitlachte, wie zuvor. Es mochte wohl seine besondere Ursache haben.

WUNDERDINGE

Bei Medizinalrats in der Wohnstube, wenn man zur Türe hineintritt gleich links an der breiten Wand steht ein hoher Glasschrank, in welchem die Kinder all die schönen Sachen, die ihnen jedes Jahr einbeschert worden, aufbewahren. Die Luise war noch ganz klein, als der Vater den Schrank von einem sehr geschickten Tischler machen ließ, der so himmelhelle Scheiben einsetzte, und überhaupt das Ganze so geschickt einzurichten wußte, daß alles drinnen sich beinahe blanker und hübscher ausnahm, als wenn man es in Händen hatte. Im obersten Fache, für Marien und Fritzen unerreichbar, standen des Paten Droßelmeier Kunstwerke, gleich darunter war das Fach für die Bilderbücher, die beiden untersten Fächer durften Marie und Fritz anfüllen, wie sie wollten, jedoch geschah es immer, daß Marie das unterste Fach ihren Puppen zur Wohnung einräumte, Fritz dagegen in dem Fache drüber seine Truppen Kantonierungsquartiere beziehen ließ. So war es auch heute gekommen, denn, indem Fritz seine Husaren oben aufstellte, hatte Marie unten Mamsell Trutchen bei Seite gelegt, die neue schön geputzte Puppe in das sehr

gut meublierte Zimmer hineingesetzt, und sich auf Zuckerwerk bei ihr eingeladen. Sehr gut meubliert[1] war das Zimmer,
habe ich gesagt, und das ist auch wahr, denn ich weiß nicht,
ob du, meine aufmerksame Zuhörerin Marie! ebenso wie die
kleine Stahlbaum (es ist dir schon bekannt worden, daß sie
auch Marie heißt), ja! - ich meine, ob du ebenso wie diese,
ein kleines, schöngeblümtes Sofa, mehrere allerliebste Stühl-
chen, einen niedlichen Teetisch, vor allen Dingen aber ein
sehr nettes blankes Bettchen besitzest, worin die schönsten
Puppen ausruhen? Alles dieses stand in der Ecke des Schranks,
dessen Wände hier sogar mit bunten Bilderchen tapeziert
waren, und du kannst dir wohl denken, daß in diesem Zimmer die neue Puppe, welche, wie Marie noch denselben
Abend erfuhr, Mamsell Clärchen hieß, sich sehr wohl befinden mußte. Es war später Abend geworden, ja Mitternacht im
Anzuge, und Pate Droßelmeier längst fortgegangen, als die
Kinder noch gar nicht wegkommen konnten von dem Glasschrank, so sehr auch die Mutter mahnte, daß sie doch endlich nun zu Bette gehn möchten. „Es ist wahr", rief endlich
Fritz, „die armen Kerls (seint Husaren meinend) wollen auch
nun Ruhe haben, und solange ich da bin, wagts keiner, ein
bißchen zu nicken, das weiß ich schon!" Damit ging er ab;
Marie aber bat gar sehr: „Nur noch ein Weilchen, ein einziges
kleines Weilchen laß mich hier, liebe Mutter, hab ich ja doch
noch manches zu besorgen, und ist das geschehen, so will ich
ja gleich zu Bette gehen!" Marie war gar ein frommes vernünftiges Kind, und so konnte die gute Mutter wohl ohne Sorgen
sie noch bei den Spielsachen allein lassen. Damit aber Marie
nicht etwa gar zu sehr verlockt werde von der neuen Puppe
und den schönen Spielsachen überhaupt, so aber die Lichter
vergäße, die rings um den Wandschrank brennten, löschte die
Mutter sie sämtlich aus, so daß nur die Lampe, die in der
Mitte des Zimmers von der Decke herabhing, ein sanftes
anmutiges Licht verbreitete. „Komm bald hinein, liebe Marie!
sonst kannst du ja morgen nicht zu rechter Zeit aufstehen",
rief die Mutter, indem sie sich in das Schlafzimmer entfernte.
Sobald sich Marie allein befand, schritt sie schnell dazu, was
ihr zu tun recht auf dem Herzen lag und was sie doch nicht,
selbst wußte sie nicht warum, der Mutter zu entdecken vermochte. Noch immer hatte sie den kranken Nußknacker eingewickelt in ihr Taschentuch auf dem Arm getragen. Jetzt
legte sie ihn behutsam auf den Tisch, wickelte leise, leise das
Tuch ab, und sah nach den Wunden. Nußknacker war sehr
bleich, aber dabei lächelte er so wehmütig freundlich, daß es
Marien recht durch das Herz ging. „Ach, Nußknackerchen",
sprach sie sehr leise, „sei nur nicht böse, daß Bruder Fritz dir
so wehe getan hat, er hat es auch nicht so schlimm gemeint,
er ist nur ein bißchen hartherzig geworden durch das wilde
Soldatenwesen, aber sonst ein recht guter Junge, das kann ich

1 meubliert: möbliert; eingerichtet

dich versichern. Nun will ich dich aber auch recht sorglich so lange pflegen, bis du wieder ganz gesund und fröhlich geworden; dir deine Zähnchen recht fest einsetzen, dir die Schultern einrenken, das soll Pate Droßelmeier, der sich auf solche Dinge versteht." - Aber nicht ausreden konnte Marie, denn indem sie den Namen Droßelmeier nannte, machte Freund Nußknacker ein ganz verdammt schiefes Maul, und aus seinen Augen fuhr es heraus wie grünfunkelnde Stacheln. In dem Augenblick aber, daß Marie sich recht entsetzen wollte, war es ja wieder des ehrlichen Nußknackers wehmütig lächelndes Gesicht, welches sie anblickte, und sie wußte nun wohl, daß der von der Zugluft berührte, schnell auflodernde Strahl der Lampe im Zimmer Nußknackers Gesicht so entstellt hatte. „Bin ich nicht ein töricht Mädchen, daß ich so leicht erschrecke, so daß ich sogar glaube, das Holzpüppchen da könne mir Gesichter schneiden! Aber lieb ist mir doch Nußknacker gar zu sehr, weil er so komisch ist, und doch so gutmütig, und darum muß er gepflegt werden, wie sichs gehört!" Damit nahm Marie den Freund Nußknacker in den Arm, näherte sich dem Glasschrank, kauerte vor demselben, und sprach also zur neuen Puppe: „Ich bitte dich recht sehr, Mamsell Clärchen, tritt dein Bettchen dem kranken wunden Nußknacker ab, und behelfe dich, so gut wie es geht, mit dem Sofa. Bedenke, daß du sehr gesund, und recht bei Kräften bist, denn sonst würdest du nicht solche dicke dunkelrote Backen haben, und daß sehr wenige der allerschönsten Puppen solche weiche Sofas besitzen." Mamsell Clärchen sah in vollem glänzenden Weihnachtsputz sehr vornehm und verdrießlich aus, und sagte nicht „Muck!" „Was mache ich aber auch für Umstände", sprach Marie, nahm das Bette hervor, legte sehr leise und sanft Nußknackerchen hinein, wickelte noch ein gar schönes Bändchen, das sie sonst um den Leib getragen, um die wunden Schultern, und bedeckte ihn bis unter die Nase. „Bei der unartigen Cläre darf er aber nicht bleiben", sprach sie weiter, und hob das Bettchen samt dem darinne liegenden Nußknacker heraus in das obere Fach, so daß es dich neben dem schönen Dorf zu stehen kam, wo Fritzens Husaren kantonierten. Sie verschloß den Schrank und wollte ins Schlafzimmer, da horcht auf Kinder! - da fing es an leise - leise zu wispern und zu flüstern und zu rascheln rings herum, hinter dem Ofen, hinter den Stühlen, hinter den Schränken. - Die Wanduhr schnurrte dazwischen lauter und lauter, aber sie konnte nicht schlagen. Marie blickte hin, da hatte die große vergoldete Eule, die darauf saß, ihre Flügel herabgesenkt, so daß sie die ganze Uhr überdeckten und den häßlichen Katzenkopf mit krummen Schnabel weit vorgestreckt. Und stärker schnurrte es mit vernehmlichen Worten: „Uhr, Uhre, Uhre, Uhren, müßt alle nur leise schnurren, leise schnurren. - Mausekönig hat ja wohl ein feines Ohr - purr purr - pum pum singt nur, singt ihr altes Liedlein vor - purr purr - pum pum schlag an Glöcklein, schlag an, bald ist es um ihn getan!" Und pum pum ging es ganz dumpf und heiser zwölfmal! - Marien fing an sehr zu grauen und entsetzt wär' sie beinahe davongelaufen, als sie Pate Droßelmeier erblickte, der statt der Eule auf der Wanduhr saß und seine gelben Rockschöße von beiden Seiten wie Flügel herabgehängt hatte, aber sie ermannte sich und rief laut und weinerlich: „Pate Droßelmeier, Pate Droßelmeier, was willst du da oben? Komm herunter zu mir und erschrecke mich nicht so, du böser Pate Droßelmeier!" - Aber da ging ein tolles Kichern und Gepfeife los rund umher, und bald trottierte und lief es hinter den Wänden wie mit tausend kleinen Füßchen und tausend kleine Lichterchen blickten aus den Ritzen der Dielen. Aber nicht Lichterchen waren es, nein! kleine funkelnde Augen, und Marie wurde gewahr, daß überall Mäuse hervorguckten und sich hervorarbeiteten. Bald ging es trott - trott - hopp hopp in der Stube umher - immer lichtere und dichtere Haufen Mäuse galoppierten hin und her, und stellten sich endlich in Reihe und Glied, so wie Fritz seine Soldaten zu stellen pflegte, wenn es zur Schlacht gehen sollte. Das kam nun Marien sehr possierlich vor, und da sie nicht, wie manche andre Kinder, einen natürlichen Abscheu gegen Mäuse hatte, wollte ihr eben alles Grauen vergehen, als es mit einemmal so entsetzlich und so schneidend zu pfeifen begann, daß es ihr eiskalt über den Rücken lief! - Ach was erblickte sie jetzt! - Nein, wahrhaftig, geehrter Leser Fritz, ich weiß, daß ebenso gut wie dem weisen und mutigen Feldherrn Fritz Stahlbaum dir das Herz auf dem rechten Flecke sitzt, aber, hättest du das gesehen, was Marien jetzt vor/Augen kam, wahrhaftig du wärst davongelaufen, ich glaube sogar, du wärst schnell ins Bette gesprungen und hättest die Decke viel weiter über die Ohren gezogen als gerade nötig. - Ach! - das konnte die arme Marie ja nicht einmal tun, denn hört nur Kinder! - dicht dicht vor ihren Füßen sprühte es, wie von unterirdischer Gewalt getrieben, Sand und Kalk und zerbröckelte Mauersteine hervor und sieben Mäuseköpfe mit sieben hellfunkelnden Kronen erhoben sich recht gräßlich zischend und pfeifend aus dem Boden. Bald arbeitete sich auch der Mausekörper, an dessen Hals die sieben Köpfe angewachsen waren, vollends hervor und der großen mit sieben Diademen geschmückten Maus jauchzte in vollem Chorus dreimal laut aufquiekend das ganze Heer entgegen, das sich nun auf einmal in Bewegung setzte und hott, hott - trott - trott ging es - ach geradezu auf den Schrank - geradezu auf Marien los, die noch dicht an der Glastüre des Schrankes stand. Vor Angst und Grauen hatte Marien das Herz schon so gepocht, daß sie glaubte, es müsse nun gleich aus der Brust herausspringen und dann müßte sie sterben; aber nun war es ihr, als stehe ihr das Blut in den Adern still. Halb ohnmächtig wankte sie zurück, da ging es klirr - klirr - prr und in Scherben fiel die Glasscheibe des Schranks herab, die sie mit dem Ellbogen eingestoßen. Sie fühlte wohl in dem Augenblick einen recht stechenden Schmerz am linken Arm, aber es war ihr auch plötzlich viel leichter ums Herz, sie hörte kein Quieken und Pfeifen mehr, es war alles ganz stille geworden, und, obschon sie nicht hinblicken mochte, glaubte sie doch, die Mäuse wären von dem Klirren der Scheibe erschreckt wieder abgezogen in ihre Löcher. - Aber was war denn das wieder? - Dicht hinter Marien fing es an im Schrank auf seltsame Weise zu rumoren und ganz feine Stimmchen fingen an: „Aufgewacht - aufgewacht - woll'n zur Schlacht - noch diese Nacht - aufgewacht - auf zur Schlacht." - Und dabei klingelte es mit harmonischen Glöcklein gar hübsch und anmutig! „Ach das ist ja mein kleines Glockenspiel", rief Marie freudig und sprang schnell zur Seite. Da sah sie, wie es im Schrank ganz sonderbar leuchtete und herumwirtschaftete und hantierte. Es waren mehrere Puppen, die durcheinanderliefen und mit den kleinen Armen herumfochten. Mit einemmal erhob sich jetzt Nußknacker, warf die Decke weit von sich und sprang mit beiden Füßen zugleich aus dem Bette, indem er laut rief: „Knack - knack - knack - dummes Mausepack - dummer toller Schnack - Mausepack - Knack - Knack - Mausepack - Krick und Krack - wahrer Schnack." Und damit zog er sein kleines Schwert und schwang es in den Lüften und rief: „Ihr meine lieben Vasallen, Freunde und Brüder, wollt ihr mir beistehen im harten Kampf?" - Sogleich schrien heftig drei Skaramuze[1], ein Pantalon[2], vier Schornsteinfeger, zwei Zitherspielmänner und ein Tambour: „Mein Herr - wir hängen Euch an in standhafter Treue - mit Euch ziehen wir in Tod, Sieg und Kampf!" und stürzten sich nach dem begeisterten Nußknacker, der den gefährlichen Sprung wagte, vom obern Fach herab. Ja! jene hatten gut sich herabstürzen, denn nicht allein daß sie reiche Kleider von Tuch und Seide trugen, so war inwendig im Leibe auch nicht viel anders als Baumwolle und Häcksel, daher plumpten sie auch herab wie Wollsäckchen. Aber der arme Nußknacker, der hätte gewiß Arm und Beine gebrochen, denn, denkt euch, es war beinahe zwei Fuß hoch vom Fache, wo er stand, bis zum untersten, und sein Körper war so spröde, als sei er geradezu aus Lindenholz geschnitzt. Ja Nußknacker hätte gewiß Arm und Beine gebrochen, wäre, im Augenblick als er sprang, nicht auch Mamsell Clärchen schnell vom Sofa aufgesprungen und hätte den Helden mit dem gezogenen Schwert in ihren weichen Armen aufgefangen. „Ach du liebes gutes Clärchen!" schluchzte Marie, „wie habe ich dich verkannt, gewiß gabst du Freund Nußknackern dein Bettchen recht gerne her!" Doch Mamsell Clärchen sprach jetzt, indem sie den jungen Helden sanft an ihre seidene Brust drückte: „Wollet Euch, o Herr! krank und wund wie Ihr seid, doch nicht in Kampf und Gefahr begeben, seht, wie Eure tapferen Vasallen kampflustig und des Sieges gewiß sich sammeln. Skaramuz, Pantalon,

1 **Skaramuze:** Figur aus der ital. *Commedia dell'Arte*, prahlerischer Soldat
2 **Pantalon:** Figur aus der ital. *Commedia dell'Arte*, geiziger Kaufmann

Schornsteinfeger, Zitherspielmann und Tambour sind schon unten und die Devisenfiguren in meinem Fache rühren und regen sich merklich! Wollet, o Herr! in meinen Armen ausruhen, oder von meinem Federhut herab Euern Sieg anschaun!" So sprach Clärchen, doch Nußknacker tat ganz ungebärdig und strampelte so sehr mit den Beinen, daß Clärchen ihn schnell herab auf den Boden setzen mußte. In dem Augenblick ließ er sich aber sehr artig auf ein Knie nieder und lispelte: „O Dame! stets werd' ich Eurer mir bewiesenen Gnade und Huld gedenken in Kampf und Streit!" Da bückte sich Clärchen so tief herab, daß sie ihn beim Ärmchen ergreifen konnte, hob ihn sanft auf, löste schnell ihren mit vielen Flittern gezierten Leibgürtel los und wollte ihn dem Kleinen umhängen, doch der wich zwei Schritte zurück, legte die Hand auf die Brust und sprach sehr feierlich: „Nicht so wollet o Dame, Eure Gunst an mir verschwenden, denn -" er stockte, seufzte tief auf, riß dann schnell das Bändchen, womit ihn Marie verbunden hatte, von den Schultern, drückte es an die Lippen, hing es wie eine Feldbinde um und sprang, das blank gezogene Schwertlein mutig schwenkend, schnell und behende wie ein Vögelchen über die Leiste des Schranks auf den Fußboden. - Ihr merkt wohl höchst geneigte und sehr vortreffliche Zuhörer, daß Nußknacker schon früher als er wirklich lebendig worden, alles Liebe und Gute, was ihm Marie erzeigte, recht deutlich fühlte, und daß er nur deshalb, weil er Marien so gar gut worden, auch nicht einmal ein Band von Mamsell Clärchen annehmen und tragen wollte, unerachtet es sehr glänzte und sehr hübsch aussah. Der treue gute Nußknacker putzte sich lieber mit Mariens schlichtem Bändchen. - Aber wie wird es nun weiter werden? - Sowie Nußknacker herabspringt, geht auch das Quieken und Pipen wieder los. Ach! unter dem großen Tische halten ja die fatalen Rotten unzähliger Mäuse und über alle ragt die abscheuliche Maus mit den sieben Köpfen hervor! - Wie wird das nun werden! -

Die Schlacht

„Schlagt den General, marsch, getreuer Vasalle Tambour!" schrie Nußknacker sehr laut und sogleich fing der Tambour an, auf die künstlichste Weise zu wirbeln, daß die Fenster des Glasschranks zitterten und dröhnten. Nun krackte und klapperte es drinnen und Marie wurde gewahr, daß die Deckel sämtlicher Schachteln, worin Fritzens Armee einquartiert war, mit Gewalt auf - und die Soldaten heraus und herab ins unterste Fach sprangen, dort sich aber in blanken Rotten sammelten. Nußknacker lief auf und nieder, begeisterte Worte zu den Truppen sprechend: „Kein Hund von Trompeter regt und rührt sich", schrie Nußknacker erbost, wandte sich aber dann schnell zum Pantalon, der etwas blaß geworden, mit dem langen Kinn sehr wackelte, und sprach feierlich: „General, ich kenne Ihren Mut und Ihre Erfahrung, hier gilts schnellen Überblick und Benutzung des Moments - ich vertraue Ihnen

das Kommando sämtlicher Kavallerie und Artillerie an - ein
Pferd brauchen Sie nicht, Sie haben sehr lange Beine und
galoppieren damit leidlich. - Tun Sie jetzt, was Ihres Berufs
ist." Sogleich drückte Pantalon die dürren langen Fingerchen
an den Mund und krähte so durchdringend, daß es klang als
würden hundert helle Trompetlein lustig geblasen. Da ging es
im Schrank an ein Wiehern und Stampfen, und siehe, Fritzens
Kürassiere[1] und Dragoner[2], vor allen Dingen aber die neuen
glänzenden Husaren rückten aus und hielten bald unten auf
dem Fußboden. Nun defilierte Regiment auf Regiment mit
fliegenden Fahnen und klingendem Spiel bei Nußknacker
vorüber und stellte sich in breiter Reihe quer über den Boden
des Zimmers. Aber vor ihnen her fuhren rasselnd Fritzens
Kanonen auf, von den Kanonieren umgeben, und bald ging
es bum - bum und Marie sah, wie die Zuckererbsen einschlu-
gen in den dicken Haufen der Mäuse, die davon ganz weiß
überpudert wurden und sich sehr schämten. Vorzüglich tat
ihnen aber eine schwere Batterie viel Schaden, die auf Mama's
Fußbank aufgefahren war und Pum - Pum - Pum, immer hin-
tereinander fort Pfeffernüsse unter die Mäuse schoß, wovon
sie umfielen. Die Mäuse kamen aber doch immer näher und
überrannten sogar einige Kanonen, aber da ging es Prr - Prr,
Prr, und vor Rauch und Staub konnte Marie kaum sehen, was
nun geschah. Doch so viel war gewiß, daß jedes Corps sich
mit der höchsten Erbitterung schlug, und der Sieg lange hin
und her schwankte. Die Mäuse entwickelten immer mehr und
mehr Massen, und ihre kleinen silbernen Pillen, die sie sehr
geschickt zu schleudern wußten, schlugen schon bis in den
Glasschrank hinein. Verzweiflungsvoll liefen Clärchen und
Trutchen umher, und rangen sich die Händchen wund. „Soll
ich in meiner blühendsten Jugend sterben! - ich die schönste
der Puppen!" schrie Clärchen. „Hab ich darum mich so gut
konserviert, um hier in meinen vier Wänden umzukommen?"
rief Trutchen. Dann fielen sie sich um den Hals, und heulten
so sehr, daß man es trotz des tollen Lärms doch hören konnte. Denn von dem Spektakel, der nun losging, habt ihr kaum
einen Begriff, werte Zuhörer. - Das ging - Prr - Prr - Puff, Piff
- Schnetterdeng - Schnetterdeng - Bum, Burum, Bum - Burum
- Bum - durcheinander und dabei quiekten und schrien Mauskönig und Mäuse, und dann hörte man wieder Nußknackers
gewaltige Stimme, wie er nützliche Befehle austeilte, und sah
ihn, wie er über die im Feuer stehenden Bataillone hinweg-
schritt! - Pantalon hatte einige sehr glänzende Kavallerie-
Angriffe gemacht und sich mit Ruhm bedeckt, aber Fritzens
Husaren wurden von der Mäuse-Artillerie mit häßlichen, übelriechenden Kugeln beworfen, die ganz fatale Flecke in ihre
roten Wämser machten, weshalb sie nicht recht vor wollten.
Pantalon ließ sie links abschwenken und in der Begeisterung

1 Kürassiere: schwer bewaffnete Reiter
2 Dragoner: leichter Reiter

des Kommandierens machte er es ebenso und seine Kürassiere und Dragoner auch, das heißt, sie schwenkten alle links ab
und gingen nach Hause. Dadurch geriet die auf der Fußbank
postierte Batterie in Gefahr, und es dauerte auch gar nicht
lange, so kam ein dicker Haufe sehr häßlicher Mäuse und
rannte so stark an, daß die ganze Fußbank mitsamt den Kanonieren und Kanonen umfiel. Nußknacker schien sehr bestürzt,
und befahl, daß der rechte Flügel eine rückgängige Bewegung machen solle. Du weißt, o mein kriegserfahrner Zuhörer
Fritz! daß eine solche Bewegung machen beinahe so viel
heißt als davonlaufen und betrauerst mit mir schon jetzt das
Unglück, was über die Armee des kleinen von Marie geliebten Nußknackers kommen sollte! - Wende jedoch dein Auge
von diesem Unheil ab, und beschaue den linken Flügel der
Nußknackerischen Armee, wo alles noch sehr gut steht und
für Feldherr und Armee viel zu hoffen ist. Während des hit-
zigsten Gefechts waren leise leise Mäuse-Kavalleriemassen
unter der Kommode herausdebouchiert[1], und hatten sich unter
lautem gräßlichen Gequick mit Wut auf den linken Flügel der
Nußknackerischen Armee geworfen, aber welchen Wider-
stand fanden sie da! - Langsam, wie es die Schwierigkeit des
Terrains nur erlaubte, da die Leiste des Schranks zu passieren,
war das Devisen-Corps unter der Anführung zweier chinesi-
scher Kaiser vorgerückt, und hatte sich en quarré[2] formiert. -
Diese wackern, sehr bunten und herrlichen Truppen, die aus
vielen Gärtnern, Tirolern, Tungusen, Friseurs, Harlekins,
Kupidos[3], Löwen, Tigern, Meerkatzen und Affen bestanden,
fochten mit Fassung, Mut und Ausdauer. Mit spartanischer
Tapferkeit hätte dies Bataillon von Eliten dem Feinde den
Sieg entrissen, wenn nicht ein verwegener feindlicher Rittmei-
ster tollkühn vordringend einem der chinesischen Kaiser den
Kopf abgebissen und dieser im Fallen zwei Tungusen und
eine Meerkatze erschlagen hätte. Dadurch entstand eine
Lücke, durch die der Feind eindrang und bald war das ganze
Bataillon zerbissen. Doch wenig Vorteil hatte der Feind von
dieser Untat. Sowie ein Mäuse-Kavallerist mordlustig einen
der tapfern Gegner mitten durch zerbiß, bekam er einen kleinen gedruckten Zettel in den Hals, wovon er augenblicklich
starb. - Half dies aber wohl auch der Nußknackerischen
Armee, die einmal rückgängig geworden, immer rückgängiger
wurde und immer mehr Leute verlor, so daß der unglückliche
Nußknacker nur mit einem gar kleinen Häufchen dicht vor
dem Glasschranke hielt? „Die Reserve soll heran! - Pantalon -
Skaramuz, Tambour - wo seid ihr?" - So schrie Nußknacker,
der noch auf neue Truppen hoffte, die sich aus dem Glasschrank entwickeln sollten. Es kamen auch wirklich einige
braune Männer und Frauen aus Thorn mit goldnen Gesich-

1 **herausdebouchiert:** hervorgekommen
2 **en quarré:** *franz.* im Viereck
3 **Kupidos:** römischer Liebesgott

tern, Hüten und Helmen heran, die fochten aber so unge-
schickt um sich herum, daß sie keinen der Feinde trafen und
bald ihrem Feldherrn Nußknacker selbst die Mütze vom Kopf
heruntergefochten hätten. Die feindlichen Chasseurs[1] bissen
ihnen auch bald die Beine ab, so daß sie umstülpten und
noch dazu einige von Nußknackers Waffenbrüdern erschlu-
gen. Nun war Nußknacker vom Feinde dicht umringt, in der
höchsten Angst und Not. Er wollte über die Leiste des
Schranks springen, aber die Beine waren zu kurz, Clärchen
und Trutchen lagen in Ohnmacht, sie konnten ihm nicht helfen - Husaren - Dragoner sprangen lustig bei ihm vorbei und
hinein, da schrie er auf in heller Verzweiflung: „Ein Pferd - ein
Pferd - ein Königreich für ein Pferd!" - In dem Augenblick
packten ihn zwei feindliche Tirailleurs bei dem hölzernen
Mantel und im Triumph aus sieben Kehlen aufquiekend,
sprengte Mausekönig heran. Marie wußte sich nicht mehr zu
fassen, „o mein armer Nußknacker - mein armer Nußknacker!"
so rief sie schluchzend, faßte, ohne sich deutlich ihres Tuns
bewußt zu sein, nach ihrem linken Schuh, und warf ihn mit
Gewalt in den dicksten Haufen der Mäuse hinein auf ihren
König. In dem Augenblick schien alles verstoben und verflo-
gen, aber Marie empfand am linken Arm einen noch stechen-
dern Schmerz als vorher und sank ohnmächtig zur Erde nieder.

DIE KRANKHEIT

Als Marie wie aus tiefem Todesschlaf erwachte, lag sie in
ihrem Bettchen und die Sonne schien hell und funkelnd
durch die mit Eis belegten Fenster in das Zimmer hinein.
Dicht neben ihr saß ein fremder Mann, den sie aber bald für
den Chirurgus Wendelstern erkannte. Der sprach leise: „Nun
ist sie aufgewacht!" Da kam die Mutter herbei und sah sie mit
recht ängstlich forschenden Blicken an. „Ach liebe Mutter",
lispelte die kleine Marie: „sind denn nun die häßlichen Mäuse
alle fort, und ist denn der gute Nußknacker gerettet?" „Sprich
nicht solch' albernes Zeug, liebe Marie", erwiderte die Mutter,
„was haben die Mäuse mit dem Nußknacker zu tun. Aber du
böses Kind, hast uns allen recht viel Angst und Sorge gemacht. Das kommt davon her, wenn die Kinder eigenwillig
sind und den Eltern nicht folgen. Du spieltest gestern bis in
die tiefe Nacht hinein mit deinen Puppen, du wurdest schläfrig, und mag es sein, daß ein hervorspringendes Mäuschen,
deren es doch sonst hier nicht gibt, dich erschreckt hat; genug,
du stießest mit dem Arm eine Glasscheibe des Schranks ein
und schnittest dich so sehr in den Arm, daß Herr Wendelstern, der dir eben die noch in den Wunden steckenden Glas-
scherbchen herausgenommen hat, meint, du hättest, zer-
schnitt das Glas eine Ader, einen steifen Arm behalten, oder
dich gar verbluten können. Gott sei gedankt, daß ich um Mitternacht erwachend und dich noch so spät vermissend, auf-

<hr>

1 Chasseur: *franz.* Jäger

stand und in die Wohnstube ging. Da lagst du dicht neben dem Glasschrank ohnmächtig auf der Erde und blutetest sehr. Bald wär ich vor Schreck auch ohnmächtig geworden. Da lagst du nun, und um dich her zerstreut erblickte ich viele von Fritzens bleiernen Soldaten und andere Puppen, zerbrochene Devisen, Pfefferkuchmänner; Nußknacker lag aber auf deinem blutenden Arme und nicht weit von dir dein linker Schuh." „Ach Mütterchen, Mütterchen", fiel Marie ein: „sehen Sie wohl, das waren ja noch die Spuren von der großen Schlacht zwischen den Puppen und Mäusen, und nur darüber bin ich so sehr erschrocken, als die Mäuse den armen Nußknacker, der die Puppen-Armee kommandierte, gefangennehmen wollten. Da warf ich meinen Schuh unter die Mäuse und dann weiß ich weiter nicht, was vorgegangen." Der Chirurgus Wendelstern winkte der Mutter mit den Augen und diese sprach sehr sanft zu Marien: „Laß es nur gut sein, mein liebes Kind! - beruhige dich, die Mäuse sind alle fort und Nußknackerchen steht gesund und lustig im Glasschrank." Nun trat der Medizinalrat ins Zimmer und sprach lange mit dem Chirurgus Wendelstern; dann fühlte er Mariens Puls und sie hörte wohl, daß von einem Wundfieber die Rede war. Sie mußte im Bette bleiben und Arzenei nehmen und so dauerte es einige Tage, wiewohl sie außer einigem Schmerz am Arm sich eben nicht krank und unbehaglich fühlte. Sie wußte, daß Nußknackerchen gesund aus der Schlacht sich gerettet hatte, und es kam ihr manchmal wie im Traume vor, daß er ganz vernehmlich, wiewohl mit sehr wehmütiger Stimme sprach: „Marie, teuerste Dame, Ihnen verdanke ich viel, doch noch mehr können Sie für mich tun!" Marie dachte vergebens darüber nach, was das wohl sein könnte, es fiel ihr durchaus nicht ein. - Spielen konnte Marie gar nicht recht, wegen des wunden Arms, und wollte sie lesen, oder in den Bilderbüchern blättern, so flimmerte es ihr seltsam vor den Augen, und sie mußte davon ablassen. So mußte ihr nun wohl die Zeit recht herzlich lang werden, und sie konnte kaum die Dämmerung erwarten, weil dann die Mutter sich an ihr Bett setzte, und ihr sehr viel Schönes vorlas und erzählte. Eben hatte die Mutter die vorzügliche Geschichte vom Prinzen Fakardin vollendet, als die Türe aufging, und der Pate Droßelmeier mit den Worten hineintrat: „Nun muß ich doch wirklich einmal selbst sehen, wie es mit der kranken und wunden Marie zusteht." Sowie Marie den Paten Droßelmeier in seinem gelben Röckchen erblickte, kam ihr das Bild jener Nacht, als Nußknacker die Schlacht wider die Mäuse verlor, gar lebendig vor Augen, und unwillkürlich rief sie laut dem Obergerichtsrat entgegen: „O Pate Droßelmeier, du bist recht häßlich gewesen, ich habe dich wohl gesehen, wie du auf der Uhr saßest, und sie mit deinen Flügeln bedecktest, daß sie nicht laut schlagen sollte, weil sonst die Mäuse verscheucht worden - ich habe es wohl gehört, wie du dem Mausekönig riefest! - warum kamst du dem Nußknacker, warum kamst du mir nicht zu Hülfe, du häßlicher Pate Droßelmeier, bist du denn nicht allein schuld, daß ich verwundet und krank im Bette liegen muß?" - Die Mutter frug ganz erschrocken: „Was ist dir denn, liebe Marie?" Aber der Pate Droßelmeier schnitt sehr seltsame Gesichter, und sprach mit schnarrender, eintöniger Stimme: „Perpendikel mußte schnurren - picken - wollte sich nicht schicken - Uhren - Uhren - Uhrenperpendikel müssen schnurren - leise schnurren - schlagen Glocken laut kling klang - Hink und Honk, und Honk und Hank - Puppenmädel sei nicht bang! - schlagen Glöcklein, ist geschlagen, Mausekönig fortzujagen, kommt die Eul' im schnellen Flug - Pak und Pik, und Pik und Puk - Glöcklein bim bim - Uhren - schnurr schnurr - Perpendikel müssen schnurren - picken wollte sich nicht schicken-Schnarr und schnurr, und pirr und purr! -" Marie sah den Paten Droßelmeier starr mit großen Augen an, weil er ganz anders, und noch viel häßlicher aussah, als sonst, und mit dem rechten Arm hin und her schlug, als würd' er gleich einer Drahtpuppe gezogen. Es hätte ihr ordentlich grauen können vor dem Paten, wenn die Mutter nicht zugegen gewesen wäre, und wenn nicht endlich Fritz, der sich unterdessen hineingeschlichen, ihn mit lautem Gelächter unterbrochen hätte. „Ei, Pate Droßelmeier", rief Fritz, „du bist heute wieder auch gar zu possierlich, du gebärdest dich ja wie mein Hampelmann, den ich längst hinter den Ofen geworfen." Die Mutter blieb sehr ernsthaft, und sprach: „Lieber Herr Obergerichtsrat, das ist ja ein recht seltsamer Spaß, was meinen Sie denn eigentlich?" „Mein Himmel!" erwiderte Droßelmeier lachend, „kennen Sie denn nicht mehr mein hübsches Uhrmacherliedchen? Das pfleg' ich immer zu singen bei solchen Patienten wie Marie." Damit setzte er sich schnell dicht an Mariens Bette, und sprach: „Sei nur nicht böse, daß ich nicht gleich dem Mausekönig alle vierzehn Augen ausgehackt, aber es konnte nicht sein, ich will dir auch statt dessen eine rechte Freude machen"; der Obergerichtsrat langte mit diesen Worten in die Tasche, und was er nun leise, leise hervorzog, war - der Nußknacker, dem er sehr geschickt die verlornen Zähnchen fest eingesetzt, und den lahmen Kinnbacken eingerenkt hatte. Marie jauchzte laut auf vor Freude, aber die Mutter sagte lächelnd: „Siehst du nun wohl, wie gut es Pate Droßelmeier mit deinem Nußknacker meint?" „Du mußt es aber doch eingestehen, Marie", unterbrach der Obergerichtsrat die Medizinalrätin, „du mußt es aber doch eingestehen, daß Nußknacker nicht eben zum besten gewachsen, und sein Gesicht nicht eben schön zu nennen ist. Wie sotane Häßlichkeit in seine Familie gekommen und vererbt worden ist, das will ich dir wohl erzählen, wenn du es anhören magst. Oder weißt du vielleicht schon die Geschichte von der Prinzessin Pirlipat, der Hexe Mauserinks und dem künstlichen Uhrmacher?" „Hör mal", fiel hier Fritz unversehens ein, „hör mal, Pate Droßelmeier, die Zähne hast du dem Nußknacker richtig eingesetzt, und der Kinnbacken ist auch nicht mehr so wackelig, aber warum

fehlt ihm das Schwert, warum hast du ihm kein Schwert umgehängt?" „Ei", erwiderte der Obergerichtsrat ganz unwillig,
„du mußt an allem mäkeln und tadeln, Junge! - Was geht mich
Nußknackers Schwert an, ich habe ihm am Leibe kuriert, mag
er sich nun selbst ein Schwert schaffen wie er will." „Das ist
wahr", rief Fritz, „ists ein tüchtiger Kerl, so wird er schon Waffen zu finden wissen." „Also Marie", fuhr der Obergerichtsrat
fort, „sage mir, ob du die Geschichte weißt von der Prinzessin
Pirlipat?" „Ach nein", erwiderte Marie, „erzähle, lieber Pate
Droßelmeier, erzähle!" „Ich hoffe", sprach die Medizinalrätin,
„ich hoffe, lieber Herr Obergerichtsrat, daß Ihre Geschichte
nicht so graulich sein wird, wie gewöhnlich alles ist, was Sie
erzählen?" „Mit nichten, teuerste Frau Medizinalrätin", erwiderte
Droßelmeier, „im Gegenteil ist das gar spaßhaft, was ich vorzu-
tragen die Ehre haben werde." „Erzähle, o erzähle, lieber Pate",
so riefen die Kinder, und der Obergerichtsrat fing also an.

Das Märchen von der harten Nuß

Pirlipats Mutter war die Frau eines Königs, mithin eine
Königin, und Pirlipat selbst in demselben Augenblick, als sie
geboren wurde, eine geborne Prinzessin. Der König war
außer sich vor Freude über das schöne Töchterchen, das in
der Wiege lag, er jubelte laut auf, er tanzte und schwenkte
sich auf einem Beine, und schrie einmal über das andere:
„Heisa! - hat man was Schöneres jemals gesehen, als mein Pirlipatchen?" - Aber alle Minister, Generale und Präsidenten und
Stabsoffiziere sprangen, wie der Landesvater, auf einem Beine
herum, und schrien sehr: „Nein, niemals!" Zu leugnen war es
aber auch in der Tat gar nicht, daß wohl, so lange die Welt
steht, kein schöneres Kind geboren wurde, als eben Prinzessin Pirlipat. Ihr Gesichtchen war wie von zarten lilienweißen
und rosenroten Seidenflocken geweht, die Äugelein lebendige
funkelnde Azure, und es stand hübsch, daß die Löckchen sich
in lauter glänzenden Goldfaden kräuselten. Dazu hatte Pirlipatchen zwei Reihen kleiner Perlzähnchen auf die Welt
gebracht, womit sie zwei Stunden nach der Geburt dem
Reichskanzler in den Finger biß, als er die Lineamente näher
untersuchen wollte, so daß er laut aufschrie: „O jemine!" -
Andere behaupten, er habe: „Au weh!" geschrien, die Stimmen
sind noch heut zu Tage darüber sehr geteilt. - Kurz, Pirlipatchen biß wirklich den Reichskanzler in den Finger, und das
entzückte Land wußte nun, daß auch Geist, Gemüt und Verstand in Pirlipats kleinem engelschönen Körperchen wohne. -
Wie gesagt, alles war vergnügt, nur die Königin war sehr
ängstlich und unruhig, niemand wußte warum? Vorzüglich fiel
es auf, daß sie Pirlipats Wiege so sorglich bewachen ließ.
Außerdem, daß die Türen von Trabanten besetzt waren, mußten, die beiden Wärterinnen dicht an der Wiege abgerechnet,
noch sechs andere, Nacht für Nacht rings umher in der Stube
sitzen. Was aber ganz närrisch schien, und was niemand
begreifen konnte, jede dieser sechs Wärterinnen mußte einen

Kater auf den Schoß nehmen, und ihn die ganze Nacht streicheln, daß er immerfort zu spinnen genötigt würde. Es ist unmöglich, daß ihr, lieben Kinder, erraten könnt, warum Pirlipats Mutter all' diese Anstalten machte, ich weiß es aber, und will es euch gleich sagen. - Es begab sich, daß einmal an dem Hofe von Pirlipats Vater viele vortreffliche Könige und sehr angenehme Prinzen versammelt waren, weshalb es denn sehr glänzend herging, und viele Ritterspiele, Komödien und Hofbälle gegeben wurden. Der König, um recht zu zeigen, daß es ihm an Gold und Silber gar nicht mangle, wollte nun einmal einen recht tüchtigen Griff in den Kronschatz tun, und was Ordentliches daraufgehen lassen. Er ordnete daher, zumal er von dem Oberhofküchenmeister insgeheim erfahren, daß der Hofastronom die Zeit des Einschlachtens angekündigt, einen großen Wurstschmaus an, warf sich in den Wagen, und lud selbst sämtliche Könige und Prinzen - nur auf einen Löffel Suppe ein, um sich der Überraschung mit dem Köstlichen zu erfreuen. Nun sprach er sehr freundlich zur Frau Königin: „Dir ist ja schon bekannt, Liebchen! wie ich die Würste gern habe!"- Die Königin wußte schon, was er damit sagen wollte, es hieß nämlich nichts anders, als sie selbst sollte sich, wie sie auch sonst schon getan, dem sehr nützlichen Geschäft des Wurstmachens unterziehen. Der Oberschatzmeister mußte sogleich den großen goldnen Wurstkessel und die silbernen Kasserollen zur Küche abliefern; es wurde ein großes Feuer von Sandelholz angemacht, die Königin band ihre damastne Küchenschürze um, und bald dampften aus dem Kessel die süßen Wohlgerüche der Wurstsuppe. Bis in den Staatsrat drang der anmutige Geruch; der König, von innerem Entzücken erfaßt, konnte sich nicht halten. „Mit Erlaubnis, meine Herren!" rief er, sprang schnell nach der Küche, umarmte die Königin, rührte etwas mit dem goldnen Szepter in dem Kessel, und kehrte dann beruhigt in den Staatsrat zurück. Eben nun war der wichtige Punkt gekommen, daß der Speck in Würfel geschnitten, und auf silbernen Rosten geröstet werden sollte. Die Hofdamen traten ab, weil die Königin dies Geschäft aus treuer Anhänglichkeit und Ehrfurcht vor dem königlichen Gemahl allein unternehmen wollte. Allein sowie der Speck zu braten anfing, ließ sich ein ganz feines wisperndes Stimmchen vernehmen: „Von dem Brätlein gib mir auch, Schwester! - will auch schmausen, bin ja auch Königin - gib mir von dem Brätlein!" - Die Königin wußte wohl, daß es Frau Mauserinks war, die also sprach. Frau Mauserinks wohnte schon seit vielen Jahren in des Königs Palast. Sie behauptete, mit der königlichen Familie verwandt und selbst Königin in dem Reiche Mausolien zu sein, deshalb hatte sie auch eine große Hofhaltung unter dem Herde. Die Königin war eine gute mildtätige Frau, wollte sie daher auch sonst Frau Mauserinks nicht gerade als Königin und als ihre Schwester anerkennen, so gönnte sie ihr doch von Herzen an dem festlichen Tage die Schmauserei, und rief: „Kommt nur hervor, Frau Mauserinks, Ihr möget immerhin etwas von meinem Speck genießen." Da kam auch Frau Mauserinks sehr schnell und lustig hervorgehüpft, sprang auf den Herd, und ergriff mit den zierlichen kleinen Pfötchen ein Stückchen Speck nach dem andern, das ihr die Königin hinlangte. Aber nun kamen alle Gevattern und Muhmen der Frau Mauserinks hervorgesprungen, und auch sogar ihre sieben Söhne, recht unartige Schlingel, die machten sich über den Speck her, und nicht wehren konnte ihnen die erschrockene Königin. Zum Glück kam die Oberhofmeisterin dazu, und verjagte die zudringlichen Gäste, so daß noch etwas Speck übrig blieb, welcher, nach Anweisung des herbeigerufenen Hofmathematikers sehr künstlich auf alle Würste verteilt wurde. - Pauken und Trompeten erschallten, alle anwesenden Potentaten und Prinzen zogen in glänzenden Feierkleidern zum Teil auf weißen Zeltern, zum Teil in kristallnen Kutschen zum Wurstschmause. Der König empfing sie mit herzlicher Freundlichkeit und Huld, und setzte sich dann, als Landesherr mit Kron und Szepter angetan, an die Spitze des Tisches. Schon in der Station der Leberwürste sah man, wie der König immer mehr und mehr erblaßte, wie er die Augen gen Himmel hob - leise Seufzer entflohen seiner Brust ein gewaltiger Schmerz schien in seinem Innern zu wühlen! Doch in der Station der Blutwürste sank er laut schluchzend und ächzend, in den Lehnsessel zurück, er hielt beide Hände vors Gesicht, er jammerte und stöhnte.- Alles sprang auf von der Tafel, der Leibarzt bemühte sich vergebens, des unglücklichen Königs Puls zu erfassen, ein tiefer, namenloser Jammer schien ihn zu zerreißen. Endlich, endlich, nach vielem Zureden, nach Anwendung starker Mittel, als da sind, gebrannte Federposen und dergleichen, schien der König etwas zu sich selbst zu kommen, er stammelte kaum hörbar die Worte: „Zu wenig Speck." Da warf sich die Königin trostlos ihm zu Füßen und schluchzte: „O mein armer unglücklicher königlicher Gemahl! - o welchen Schmerz mußten Sie dulden! - Aber sehen Sie hier die Schuldige zu Ihren Füßen - strafen, strafen Sie sie hart! - Ach - Frau Mauserinks mit ihren sieben Söhnen, Gevattern und Muhmen hat den Speck aufgefressen und" - damit fiel die Königin rücklings über in Ohnmacht. Aber der König sprang voller Zorn auf und rief laut: „Oberhofmeisterin wie ging das zu?" Die Oberhofmeisterin erzählte, so viel sie wußte, und der König beschloß, Rache zu nehmen an der Frau Mauserinks und ihrer Familie, die ihm den Speck aus der Wurst weggefressen hatten. Der Geheime Staatsrat wurde berufen, man beschloß, der Frau Mauserinks den Prozeß zu machen, und ihre sämtliche Güter einzuziehen; da aber der König meinte, daß sie unterdessen ihm doch noch immer den Speck wegfressen könnte, so wurde die ganze Sache dem Hofuhrmacher und Arkanisten übertragen. Dieser Mann, der ebenso hieß, als ich, nämlich Christian Elias Droßelmeier, versprach durch eine ganz besonders staatskluge Operation die Frau Mauserinks mit ihrer

Familie auf ewige Zeiten aus dem Palast zu vertreiben. Er erfand auch wirklich kleine, sehr künstliche Maschinen, in die an einem Fädchen gebratener Speck getan wurde, und die Droßelmeier rings um die Wohnung der Frau Speckfresserin aufstellte. Frau Mauserinks war viel zu weise, um nicht Droßelmeiers List einzusehen, aber alle ihre Warnungen, alle ihre Vorstellungen halfen nichts, von dem süßen Geruch des gebratenen Specks verlockt, gingen alle sieben Söhne und viele, viele Gevattern und Muhmen der Frau Mauserinks in Droßelmeiers Maschinen hinein, und wurden, als sie eben den Speck wegnaschen wollten, durch ein plötzlich vorfallendes Gitter gefangen, dann aber in der Küche selbst schmachvoll hingerichtet. Frau Mauserinks verließ mit ihrem kleinen Häufchen den Ort des Schreckens. Gram, Verzweiflung, Rache erfüllte ihre Brust. Der Hof jubelte sehr, aber die Königin war besorgt, weil sie die Gemütsart der Frau Mauserinks kannte, und wohl wußte, daß sie den Tod ihrer Söhne und Verwandten nicht ungerächt hingehen lassen würde. In der Tat erschien auch Frau Mauserinks, als die Königin eben für den königlichen Gemahl einen Lungenmus bereitete, den er sehr gern aß, und sprach: „Meine Söhne - meine Gevattern und Mushmen sind erschlagen, gib wohl acht, Frau Königin, daß Mausekönigin dir nicht dein Prinzeßchen entzwei beißt - gib wohl acht." Darauf verschwand sie wieder, und ließ sich nicht mehr sehen, aber die Königin war so erschrocken, daß sie den Lungenmus ins Feuer fallen ließ, und zum zweitenmal verdarb Frau Mauserinks dem Könige eine Lieblingsspeise, worüber er sehr zornig war. - Nun ists aber genug für heute abend, künftig das übrige.

So sehr auch Marie, die bei der Geschichte ihre ganz eignen Gedanken hatte, den Pate Droßelmeier bat, doch nur ja weiter zu erzählen, so ließ er sich doch nicht erbitten, sondern sprang auf, sprechend: „Zu viel auf einmal ist ungesund, morgen das übrige." Eben als der Obergerichtsrat im Begriff stand, zur Tür hinauszuschreiten, frug Fritz: „Aber sag mal, Pate Droßelmeier, ists denn wirklich wahr, daß du die Mausefallen erfunden hast?" „Wie kann man nur so albern fragen", rief die Mutter, aber der Obergerichtsrat lächelte sehr seltsam, und sprach leise: „Bin ich denn nicht ein künstlicher Uhrmacher, und sollt' nicht einmal Mausefallen erfinden können."

FORTSETZUNG DES MÄRCHENS VON DER HARTEN NUß

Nun wißt ihr wohl, Kinder, so fuhr der Obergerichtsrat Droßelmeier am nächsten Abende fort, nun wißt ihr wohl, Kinder, warum die Königin das wunderschöne Prinzeßchen Pirlipat so sorglich bewachen ließ. Mußte sie nicht fürchten, daß Frau Mauserinks ihre Drohung erfüllen, wiederkommen, und das Prinzeßchen totbeißen würde? Droßelmeiers Maschinen halfen gegen die kluge und gewitzigte Frau Mauserinks ganz und gar nichts, und nur der Astronom des Hofes, der zugleich Geheimer Oberzeichen- und Sterndeuter war, wollte wissen, daß die Familie des Katers Schnurr im Stande sein werde, die Frau Mauserinks von der Wiege abzuhalten; demnach geschah es also, daß jede der Wärterinnen einen der Söhne jener Familie, die übrigens bei Hofe als Geheime Legationsräte angestellt waren, auf dem Schoße halten, und durch schickliches Krauen ihm den beschwerlichen Staatsdienst zu versüßen suchen mußte. Es war einmal schon Mitternacht, als die eine der beiden geheimen Oberwärterinnen, die dicht an der Wiege saßen, wie aus tiefem Schlafe auffuhr. - Alles rund umher lag vom Schlafe befangen - kein Schnurren - tiefe Totenstille, in der man das Picken des Holzwurms vernahm! - doch wie ward der Geheimen Oberwärterin, als sie dicht vor sich eine große, sehr häßliche Maus erblickte, die auf den Hinterfüßen aufgerichtet stand, und den fatalen Kopf auf das Gesicht der Prinzessin gelegt hatte. Mit einem Schrei des Entsetzens sprang sie auf, alles erwachte, aber in dem Augenblick rannte Frau Mauserinks (niemand anders war die große Maus an Pirlipats Wiege) schnell nach der Ecke des Zimmers. Die Legationsräte stürzten ihr nach, aber zu spät - durch eine Ritze in dem Fußboden des Zimmers war sie verschwunden. Pirlipatchen erwachte von dem Rumor, und weinte sehr kläglich. „Dank dem Himmel", riefen die Wärterinnen, „sie lebt!" Doch wie groß war ihr Schrecken, als sie hinblickten nach Pirlipatchen, und wahrnahmen, was aus dem schönen zarten Kinde geworden. Statt des weiß und roten goldgelockten Engelsköpfchen saß ein unförmlicher dicker Kopf auf einem winzig kleinen zusammengekrümmten Leibe, die azurblaue Äugelein hatten sich verwandelt in grüne hervorstehende starrblickende Augen, und das Mündchen hatte sich verzogen von einem Ohr zum andern. Die Königin wollte vergehen in Wehklagen und Jammer, und des Königs Studierzimmer mußte mit wattierten Tapeten ausgeschlagen werden, weil er einmal über das andere mit dem Kopf gegen die Wand rannte, und dabei mit sehr jämmerlicher Stimme rief: „O ich unglückseliger Monarch!" - Er konnte zwar nun einsehen, daß es besser gewesen wäre, die Würste ohne Speck zu essen, und die Frau Mauserinks mit ihrer Sippschaft unter dem Herde in Ruhe zu lassen, daran dachte aber Pirlipats königlicher Vater nicht, sondern er schob einmal alle Schuld auf den Hofuhrmacher und Arkanisten Christian Elias Droßelmeier aus Nürnberg. Deshalb erließ er den weisen Befehl: Droßelmeier habe binnen vier Wochen die Prinzessin Pirlipat in den vorigen Zustand herzustellen, oder wenigstens ein bestimmtes untrügliches Mittel anzugeben, wie dies zu bewerkstelligen sei, widrigenfalls er dem schmachvollen Tode unter dem Beil des Henkers verfallen sein solle. - Droßelmeier erschrak nicht wenig, indessen vertraute er bald seiner Kunst und seinem Glück und schritt sogleich zu der ersten Operation, die ihm nützlich schien. Er nahm Prinzeßchen Pirlipat sehr geschickt auseinander, schrob ihr Händchen und Füßchen ab, und besah sogleich die innere Struktur, aber da fand er leider, daß die Prinzessin, je größer, desto unförmlicher werden würde, und wußte sich nicht zu raten und zu helfen. Er setzte die Prinzessin behutsam wieder zusammen, und versank an ihrer Wiege, die er nie verlassen durfte, in Schwermut. Schon war die vierte Woche angegangen - ja bereits Mittwoch, als der König mit zornfunkelnden Augen hineinblickte, und mit dem Szepter drohend rief: „Christian Elias Droßelmeier kuriere die Prinzessin, oder du mußt sterben!" Droßelmeier fing an bitterlich zu weinen, aber Prinzeßchen Pirlipat knackte vergnügt Nüsse. Zum erstenmal fiel dem Arkanisten Pirlipats ungewöhnlicher Appetit nach Nüssen, und der Umstand auf, daß sie mit Zähnchen zur Welt gekommen. In der Tat hatte sie gleich nach der Verwandlung so lange geschrien, bis ihr zufällig eine Nuß vorkam, die sie sogleich aufknackte, den Kern aß, und dann ruhig wurde. Seit der Zeit konnten die Wärterinnen nicht geraten, ihr Nüsse zu bringen. „O heiliger Instinkt der Natur, ewig unerforschliche Sympathie aller Wesen", rief Johann Elias Droßelmeier aus: „Du zeigst mir die Pforte zum Geheimnis, ich will anklopfen, sie wird sich öffnen!" Er bat sogleich um die Erlaubnis, mit dem Hofastronom sprechen zu können, und wurde mit starker Wache hingeführt. Beide Herrn umarmten sich unter vielen Tränen, da sie zärtliche Freunde waren, zogen sich dann in ein geheimes Kabinet zurück, und schlugen viele Bücher nach, die von dem Instinkt, von den Sympathien und Antipathien und andern geheimnisvollen Dingen handelten. Die Nacht brach herein, der Hofastronom sah nach den Sternen, und stellte mit Hülfe des auch hierin sehr geschickten Droßelmeiers das Horoskop der Prinzessin Pirlipat. Das war eine große Mühe, denn die Linien verwirrten sich immer mehr und mehr, endlich aber - welche Freude, endlich lag es klar vor ihnen, daß die Prinzessin Pirlipat, um den Zauber, der sie verhäßlicht, zu lösen, und um wieder so schön zu werden, als vorher, nichts zu tun hatte, als den süßen Kern der Nuß Krakatuk zu genießen.

Die Nuß Krakatuk hatte eine solche harte Schale, daß eine achtundvierzigpfündige Kanone darüber wegfahren konnte, ohne sie zu zerbrechen. Diese harte Nuß mußte aber von einem Manne, der noch nie rasiert worden und der niemals Stiefeln getragen, vor der Prinzessin aufgebissen und ihr von ihm mit geschlossenen Augen der Kern dargereicht werden. Erst nachdem er sieben Schritte rückwärts gegangen, ohne zu stolpern, durfte der junge Mann wieder die Augen erschließen. Drei Tage und drei Nächte hatte Droßelmeier mit dem Astronomen ununterbrochen gearbeitet und es saß gerade sonnabends der König bei dem Mittagstisch, als Droßelmeier, der Sonntag in aller Frühe geköpft werden sollte, voller Freude und Jubel hereinstürzte, und das gefundene Mittel, der Prinzessin Pirlipat die verlorne Schönheit wiederzugeben, verkündete. Der König umarmte ihn mit heftigem Wohlwollen, versprach ihm einen diamantnen Degen, vier Orden und zwei neue Sonntagsröcke. „Gleich nach Tische", setzte er freundlich hinzu, „soll es ans Werk, sorgen Sie, teurer Arkanist, daß der junge unrasierte Mann in Schuhen mit der Nuß Krakatuk gehörig bei der Hand sei, und lassen Sie ihn vorher keinen Wein trinken, damit er nicht stolpert, wenn er sieben Schritte rückwärts geht, wie ein Krebs, nachher kann er erklecklich saufen!" Droßelmeier wurde über diese Rede des Königs sehr bestürzt, und nicht ohne Zittern und Zagen brachte er es stammelnd heraus, daß das Mittel zwar gefunden wäre, beides, die Nuß Krakatuk und der junge Mann zum Aufbeißen derselben aber erst gesucht werden müßten, wobei es noch obenein zweifelhaft bliebe, ob Nuß und Nußknacker jemals gefunden werden dürften. Hoch erzürnt schwang der König den Szepter über das gekrönte Haupt und schrie mit einer Löwenstimme: „So bleibt es bei dem Köpfen." Ein Glück war es für den in Angst und Not versetzten Droßelmeier, daß dem Könige das Essen gerade den Tag sehr wohl geschmeckt hatte, er mithin in der guten Laune war, vernünftigen Vorstellungen Gehör zu geben, an denen es die großmütige und von Droßelmeiers Schicksal gerührte Königin nicht mangeln ließ. Droßelmeier faßte Mut und stellte zuletzt vor, daß er doch eigentlich die Aufgabe, das Mittel, wodurch die Prinzessin geheilt werden könne, zu nennen gelöst, und sein Leben gewonnen habe. Der König nannte das: dumme Ausreden und einfältigen Schnickschnack, beschloß aber endlich, nachdem er ein Gläschen Magenwasser zu sich genommen, daß beide, der Uhrmacher und der Astronom, sich auf die Beine machen und nicht anders als mit der Nuß Krakatuk in der Tasche wiederkehren sollten. Der Mann zum Aufbeißen derselben sollte, wie es die Königin vermittelte, durch mehrmaliges Einrücken einer Aufforderung in einheimische und auswärtige Zeitungen und Intelligenz-Blätter herbeigeschafft werden. - Der Obergerichtsrat brach hier wieder ab, und versprach den andern Abend das übrige zu erzählen.

BESCHLUß DES MÄRCHENS VON DER HARTEN NUß

Am andern Abende, sowie kaum die Lichter angesteckt worden, fand sich Pate Droßelmeier wirklich wieder ein, und erzählte also weiter. Droßelmeier und der Hofastronom waren schon fünfzehn Jahre unterwegs, ohne der Nuß Krakatuk auf die Spur gekommen zu sein. Wo sie überall waren, welche sonderbare seltsame Dinge ihnen widerfuhren, davon könnt' ich euch, ihr Kinder, vier Wochen lang erzählen, ich will es aber nicht tun, sondern nur gleich sagen, daß Droßelmeier in seiner tiefen Betrübnis zuletzt eine sehr große Sehnsucht nach seiner lieben Vaterstadt Nürnberg empfand. Ganz besonders überfiel ihn diese Sehnsucht, als er gerade einmal mit seinem Freunde mitten in einem großen Walde in Asien ein Pfeifchen Knaster rauchte. „O schöne - schöne Vaterstadt Nürnberg - schöne Stadt, wer dich nicht gesehen hat, mag er auch viel gereist sein nach London, Paris und Peterwardein, ist ihm das Herz doch nicht aufgegangen, muß er doch stets nach dir verlangen - nach dir, o Nürnberg, schöne Stadt, die schöne Häuser mit Fenstern hat." - Als Droßelmeier so sehr wehmütig klagte, wurde der Astronom von tiefem Mitleiden ergriffen und fing so jämmerlich zu heulen an, daß man es weit und breit in Asien hören konnte. Doch faßte er sich wieder, wischte sich die Tränen aus den Augen und frug: „Aber wertgeschätzter Kollege, warum sitzen wir hier und heulen? warum gehen wir nicht nach Nürnberg, ists denn nicht gänzlich egal, wo und wie wir die fatale Nuß Krakatuk suchen?" „Das ist auch wahr", erwiderte Droßelmeier getröstet. Beide standen alsbald auf, klopften die Pfeifen aus, und gingen schnurgerade in einem Strich fort, aus dem Walde mitten in Asien, nach Nürnberg. Kaum waren sie dort angekommen, so lief Droßelmeier schnell zu seinem Vetter, dem Puppendrechsler, Lackierer und Vergolder Christoph Zacharias Droßelmeier, den er in vielen vielen Jahren nicht mehr gesehen. Dem erzählte nun der Uhrmacher die ganze Geschichte von der Prinzessin Pirlipat, der Frau Mauserinks, und der Nuß Krakatuk, so daß der einmal über das andere die Hände zusammenschlug und voll Erstaunen ausrief: „Ei Vetter, Vetter, was sind das für wunderbare Dinge!" Droßelmeier erzählte weiter von den Abenteuern seiner weiten Reise, wie er zwei Jahre bei dem Dattelkönig zugebracht, wie er vom Mandelfürsten schnöde abgewiesen, wie er bei der naturforschenden Gesellschaft in Eichhornshausen vergebens angefragt, kurz wie es ihm überall mißlungen sei, auch nur eine Spur von der Nuß Krakatuk zu erhalten. Während dieser Erzählung hatte Christoph Zacharias oftmals mit den Fingern geschnippt - sich auf einem Fuße herumgedreht - mit der Zunge geschnalzt - dann gerufen - „Hm hm - I - Ei - Oh - das wäre der Teufel!" - Endlich warf er Mütze und Perücke in die Höhe, umhalste den Vetter mit Heftigkeit und rief: „Vetter-Vetter! Ihr seid geborgen, geborgen seid ihr, sag ich, denn alles müßte mich trügen, oder ich besitze selbst die Nuß Krakatuk." Er holte alsbald eine Schachtel hervor, aus der er eine vergoldete Nuß von mittelmäßiger Größe hervorzog. „Seht", sprach er, indem er die Nuß dem Vetter zeigte, „seht, mit dieser Nuß hat es folgende Bewandtnis: Vor vielen Jahren kam einst zur Weihnachtszeit ein fremder Mann mit einem Sack voll Nüssen hieher, die er feil bot. Gerade vor meiner Puppenbude geriet er in Streit, und setzte den Sack ab, um sich besser gegen den hiesigen Nußverkäufer, der nicht leiden wollte, daß der Fremde Nüsse verkaufe, und ihn deshalb angriff, zu wehren. In dem Augenblick fuhr ein schwer beladener Lastwagen über den Sack, alle Nüsse wurden zerbrochen bis auf eine, die mir der fremde Mann, seltsam lächelnd, für einen blanken Zwanziger vom Jahre 1720 feil bot. Mir schien das wunderbar, ich fand gerade einen solchen Zwanziger in meiner Tasche, wie ihn der Mann haben wollte, kaufte die Nuß und vergoldete sie, selbst nicht recht wissend, warum ich die Nuß so teuer bezahlte und dann so wert hielt." Jeder Zweifel, daß des Vetters Nuß wirklich die gesuchte Nuß Krakatuke war, wurde augenblicklich gehoben, als der herbeigerufene Hofastronom das Gold sauber abschabte und in der Rinde der Nuß das Wort Krakatuk mit chinesischen Charakteren eingegraben fand. Die Freude der Reisenden war groß und der Vetter der glücklichste Mensch unter der Sonne, als Droßelmeier ihm versicherte, daß sein Glück gemacht sei, da er außer einer ansehnlichen Pension hinführo alles Gold zum Vergolden umsonst erhalten werde. Beide, der Arkanist und der Astronom, hatten schon die Schlafmützen aufgesetzt und wollten zu Bette gehen, als letzterer, nämlich der Astronom, also anhob: „Bester Herr Kollege, ein Glück kommt nie allein - Glauben Sie, nicht nur die Nuß Krakatuk, sondern auch den jungen Mann, der sie aufbeißt und den Schönheitskern der Prinzessin darreicht, haben wir gefunden! - Ich meine niemanden anders, als den Sohn Ihres Herrn Vetters! - Nein, nicht schlafen will ich", fuhr er begeistert fort, „sondern noch in dieser Nacht des Jünglings Horoskop stellen!" - Damit riß er die Nachtmütze vom Kopf und fing gleich an zu observieren. - Des Vetters Sohn war in der Tat ein netter wohlgewachsener Junge, der noch nie rasiert worden und niemals Stiefel getragen. In früher Jugend war er zwar ein paar Weihnachten hindurch ein Hampelmann gewesen, das merkte man ihm aber nicht im mindesten an, so war er durch des Vaters Bemühungen ausgebildet worden. An den Weihnachtstagen trug er einen schönen roten Rock mit Gold, einen Degen, den Hut unter dem Arm und eine schöne Frisur mit einem Haarbeutel. So stand er sehr glänzend in seines Vaters Bude und knackte aus angeborner Galanterie den jungen Mädchen die Nüsse auf, weshalb sie ihn auch schon Nußknackerchen nannten. - Den andern Morgen fiel der Astronom dem Arkanisten entzückt um den Hals und rief: „Er ist es, wir haben ihn, er ist gefunden, nur zwei Dinge, liebster Kollege, dürfen wir nicht außer acht lassen. Fürs erste müssen Sie Ihrem vortrefflichen Neffen einen robusten hölzernen Zopf flechten, der mit dem untern Kinnbacken so in Verbindung steht, daß dieser dadurch stark angezogen werden kann, dann müssen wir aber, kommen wir nach der Residenz, auch sorgfältig verschweigen, daß wir den jungen Mann, der die Nuß Krakatuk aufbeißt, gleich mitgebracht haben; er muß sich vielmehr lange nach uns einfinden. Ich lese in dem Horoskop, daß der König, zerbeißen sich erst einige die Zähne ohne weitern Erfolg, dem, der die Nuß aufbeißt und der Prinzessin die verlorne Schönheit wiedergibt, Prinzessin und Nachfolge im Reich zum Lohn versprechen wird." Der Vetter Puppendrechsler war gar höchlich damit zufrieden, daß sein Söhnchen die Prinzessin Pirlipat heiraten und Prinz und König werden sollte, und überließ ihn daher den Gesandten gänzlich. Der Zopf, den Droßelmeier dem jungen hoffnungsvollen Neffen ansetzte, geriet überaus wohl, so daß er mit dem Aufbeißen der härtesten Pfirsichkerne die glänzendsten Versuche anstellte.

Da Droßelmeier und der Astronom das Auffinden der Nuß Krakatuk sogleich nach der Residenz berichtet, so waren dort auch auf der Stelle die nötigen Aufforderungen erlassen worden, und als die Reisenden mit dem Schönheitsmittel ankamen, hatten sich schon viele hübsche Leute, unter denen es sogar Prinzen gab, eingefunden, die ihrem gesunden Gebiß vertrauend, die Entzauberung der Prinzessin versuchen wollten. Die Gesandten erschraken nicht wenig, als sie die Prinzessin wiedersahen. Der kleine Körper mit den winzigen Händchen und Füßchen konnte kaum den unförmlichen Kopf tragen. Die Häßlichkeit des Gesichts wurde noch durch einen weißen baumwollenen Bart vermehrt, der sich um Mund und Kinn gelegt hatte. Es kam alles so, wie es der Hofastronom im Horoskop gelesen. Ein Milchbart in Schuhen nach dem andern biß sich an der Nuß Krakatuk Zähne und Kinnbacken wund, ohne der Prinzessin im mindesten zu helfen, und wenn er dann von den dazu bestellten Zahnärzten halb ohnmächtig weggetragen wurde, seufzte er: „Das war eine harte Nuß!" - Als nun der König in der Angst seines Herzens dem, der die Entzauberung vollenden werde, Tochter und Reich versprochen, meldete sich der artige sanfte Jüngling Droßelmeier und bat, auch den Versuch beginnen zu dürfen. Keiner als der junge Droßelmeier hatte so sehr der Prinzessin Pirlipat gefallen; sie legte die kleinen Händchen auf das Herz, und seufzte recht innig: „Ach wenn es doch der wäre, der die Nuß Krakatuk wirklich aufbeißt und mein Mann wird." Nachdem der junge Droßelmeier den König und die Königin, dann aber die Prinzessin Pirlipat, sehr höflich gegrüßt, empfing er aus den Händen des Oberzeremonienmeisters die Nuß Krakatuk, nahm sie ohne weiteres zwischen die Zähne, zog stark den Zopf an, und Krak - Krak zerbröckelte die Schale in viele Stücke. Geschickt reinigte er den Kern von den noch daran hängenden Fasern und überreichte ihn mit einem untertänigen Kratzfuß der Prinzessin, worauf er die Augen verschloß und rückwärts zu schreiten begann. Die Prinzessin verschluckte alsbald den Kern und o Wunder! - verschwunden war die Mißgestalt, und statt ihrer stand ein engelschönes Frauenbild da, das Gesicht wie von lilien-weißen und rosaroten Seidenflocken gewebt, die Augen wie glänzende Azure, die vollen Locken wie von Goldfaden gekräuselt. Trompeten und Pauken mischten sich in den lauten Jubel des Volks. Der König, sein ganzer Hof tanzte wie bei Pirlipats Geburt auf einem Beine und die Königin mußte mir Eau de Cologne bedient werden, weil sie in Ohnmacht gefallen: vor Freude und Entzücken. Der große Tumult brachte den jungen Droßelmeier, der noch seine sieben Schritte zu vollenden hatte, nicht wenig aus der Fassung, doch hielt er sich und streckte eben den rechten Fuß aus zum siebenten Schritt, da erhob sich, häßlich piepend und quiekend, Frau Mauserinks aus dem Fußboden, so daß Droßelmeier, als er den Fuß niedersetzen wollte, auf sie trat und dermaßen stolperte, daß er beinahe gefallen wäre. - O Mißgeschick! - urplötzlich war der Jüngling ebenso mißgestaltet, als es vorher Prinzessin Pirlipat gewesen. Der Körper war zusammengeschrumpft und konnte kaum den dicken ungestalteten Kopf mit großen hervorstechenden Augen und dem breiten entsetzlich aufgähnenden Maule tragen. Statt des Zopfes hing ihm hinten ein schmaler hölzerner Mantel herab, mit dem er den untern Kinnbacken regierte. - Uhrmacher und Astronom waren außer sich vor Schreck und Entsetzen, sie sahen aber, wie Frau Mauserinks sich blutend auf dem Boden wälzte. Ihre Bosheit war nicht ungerächt geblieben, denn der junge Droßelmeier hatte sie mit dem spitzen Absatz seines Schuhes so derb in den Hals getroffen, daß sie sterben mußte. Aber indem Frau Mauserinks von der Todesnot erfaßt wurde, da piepte und quiekte sie ganz erbärmlich: „O Krakatuk, harte Nuß - an der ich nun sterben muß - hi hi - pipi fein Nußknackerlein wirst auch bald des Todes sein - Söhnlein mit den sieben Kronen, wirds dem Nußknacker lohnen, wird die Mutter rächen fein, an dir du klein Nußknackerlein - o Leben so frisch und rot, von dir scheid ich, o Todesnot!" „Quiek" - Mit diesem Schrei starb Frau Mauserinks und wurde von dem königlichen Ofenheizer fortgebracht. - Um den jungen Droßel- meier hatte sich niemand bekümmert, die Prinzessin erinnerte aber den König an sein Versprechen, und sogleich befahl er, daß man den jungen Helden herbeischaffe. Als nun aber der Unglückliche in seiner Mißgestalt hervortrat, da hielt die Prin- zessin beide Hände vors Gesicht und schrie: „Fort, fort mit dem abscheulichen Nußknacker!" Alsbald ergriff ihn auch der Hofmarschall bei den kleinen Schultern und warf ihn zur Türe heraus. Der König war voller Wut, daß man ihm habe einen Nußknacker als Eidam aufdringen wollen, schob alles auf das Ungeschick des Uhrmachers und des Astronomen, und ver- wies beide auf ewige Zeiten aus der Residenz. Das hatte nun nicht in dem Horoskop gestanden, welches der Astronom in Nürnberg gestellt, er ließ sich aber nicht abhalten, aufs neue zu observieren und da wollte er in den Sternen lesen, daß der junge Droßelmeier sich in seinem neuen Stande so gut neh- men werde, daß er trotz seiner Ungestalt Prinz und König wer- den würde. Seine Mißgestalt könne aber nur dann verschwin- den, wenn der Sohn der Frau Mauserinks, den sie nach dem Tode ihrer sieben Söhne mit sieben Köpfen geboren und der Mausekönig geworden, von seiner Hand gefallen seie, und eine Dame ihn, trotz seiner Mißgestalt, lieb gewinnen werde. Man soll denn auch wirklich den jungen Droßelmeier in Nürn- berg zur Weihnachtszeit in seines Vaters Bude zwar als Nuß- knacker, aber doch als Prinz gesehen haben! - Das ist, ihr Kin- der! das Märchen von der harten Nuß, und ihr wißt nun, warum die Leute so oft sagen! das war eine harte Nuß, und wie es kommt, daß die Nußknacker so häßlich sind. -

So schloß der Obergerichtsrat seine Erzählung. Marie mein- te, daß die Prinzessin Pirlipat doch eigentlich ein gar-stiges undankbares Ding sei; Fritz versicherte dagegen, daß, wenn Nußknacker nur sonst ein braver Kerl sein wolle, er mit dem Mausekönig nicht viel Federlesens machen, und seine vorige hübsche Gestalt bald wieder erlangen werde.

Hat jemand von meinen hochverehrten Lesern oder Zuhörern jemals den Unfall erlebt, sich mit Glas zu schneiden, so wird er selbst wissen, wie wehe das tut, und welch schlimmes Ding es überhaupt ist, da es so langsam heilt. Hatte doch Marie beinahe eine ganze Woche im Bett zubringen müssen, weil es ihr immer ganz schwindlicht zu Mute wurde, sobald sie aufstand. Endlich aber wurde sie ganz gesund, und konnte lustig, wie sonst, in der Stube umherspringen. Im Glasschrank sah es ganz hübsch aus, denn neu und blank standen da, Bäume und Blumen und Häuser, und schöne glänzende Puppen. Vor allen Dingen fand Marie ihren lieben Nußknacker wieder, der, in dem zweiten Fache stehend, mit ganz gesunden Zähnchen sie anlächelte. Als sie nun den Liebling so recht mit Herzenslust anblickte, da fiel es ihr mit einemmal sehr bänglich aufs Herz, daß alles, was Pate Droßelmeier erzählt habe, ja nur die Geschichte des Nußknackers und seines Zwistes mit der Frau Mauserinks und ihrem Sohne gewesen. Nun wußte sie, daß ihr Nußknacker kein anderer sein könne, als der junge Droßelmeier aus Nürnberg, des Pate Droßelmeiers angenehmer, aber leider von der Frau Mauserinks verhexter Neffe. Denn daß der künstliche Uhrmacher am Hofe von Pirlipats Vater niemand anders gewesen, als der Obergerichtsrat Droßelmeier selbst, daran hatte Marie schon bei der Erzählung nicht einen Augenblick gezweifelt. „Aber warum half dir der Onkel denn nicht, warum half er dir nicht", so klagte Marie, als sich es immer lebendiger und lebendiger in ihr gestaltete, daß es in jener Schlacht, die sie mit ansah, Nußknackers Reich und Krone galt. „Waren denn nicht alle übrigen Puppen ihm untertan, und war es denn nicht gewiß, daß die Prophezeiung des Hofastronomen eingetroffen, und der junge Droßelmeier König des Puppenreichs geworden? Indem die kluge Marie das alles so recht im Sinn erwägte, glaubte sie auch, daß Nußknacker und seine Vasallen in dem Augenblick, daß sie ihnen Leben und Bewegung zutraute, auch wirklich leben und sich bewegen müßten. Dem war aber nicht so, alles im Schranke blieb vielmehr starr und regungslos, und Marie weit entfernt, ihre innere Überzeugung aufzugeben, schob das nur auf die fortwirkende Verhexung der Frau Mauserinks und ihres siebenköpfigen Sohnes. „Doch", sprach sie laut zum Nußknacker: „wenn Sie auch nicht im Stande sind, sich zu bewegen, oder ein Wörtchen mit mir zu sprechen, lieber Herr Droßelmeier! so weiß ich doch, daß Sie mich verstehen, und es wissen, wie gut ich es mit Ihnen meine; rechnen Sie auf meinen Beistand, wenn Sie dessen bedürfen. - Wenigstens will ich den Onkel bitten, daß er Ihnen mit seiner Geschicklichkeit beispringe, wo es nötig ist." Nußknacker blieb still und ruhig, aber Marien war es so, als atme ein leiser Seufzer durch den Glasschrank, wovon die Glasscheiben kaum hörbar, aber wunderlieblich ertönten, und es war, als sänge ein kleines Glockenstimmchen: „Maria klein

- Schutzenglein mein - dein werd ich sein - Maria mein." Marie
fühlte in den eiskalten Schauern, die sie überliefen, doch ein
seltsames Wohlbehagen; die Dämmerung war eingebrochen,
der Medizinalrat trat mit dem Paten Droßelmeier hinein, und
nicht lange dauerte es, so hatte Luise den Teetisch geordnet,
und die Familie saß ringsumher, allerlei Lustiges mit einander
sprechend. Marie hatte ganz still ihr kleines Lehnstühlchen
herbeigeholt, und sich zu den Füßen des Paten Droßelmeier
gesetzt. Als nun gerade einmal alle schwiegen, da sah Marie
mit ihren großen blauen Augen dem Obergerichtsrat starr ins
Gesicht und sprach: „Ich weiß nunmehr, lieber Pate Droßelmeier, daß mein Nußknacker dein Neffe, der junge Droßelmeier aus Nürnberg ist; Prinz, oder vielmehr König ist er
geworden, das ist richtig eingetroffen, wie es dein Begleiter,
der Astronom, vorausgesagt hat, aber du weißt es ja, daß er
mit dem Sohne der Frau Mauserinks, mit dem häßlichen Mausekönig, in offnem Kriege steht. Warum hilfst du ihm nicht?"
Marie erzählte nun nochmals den ganzen Verlauf der Schlacht,
wie sie es angesehen, und wurde oft durch das laute Gelächter von Vater, Mutter und Luise unterbrochen. Nur Fritz und
Droßelmeier blieben ernsthaft. „Aber wo kriegt das Mädchen
all' das tolle Zeug in den Kopf", sagte der Medizinalrat. „Ei
nun", erwiderte die Mutter, „hat sie doch eine lebhafte Fanta-
sie - eigentlich sind es nur Träume, die das heftige Wundfieber erzeugte." „Es ist alles nicht wahr", sprach Fritz, „solche
Poltrons sind meine roten Husaren nicht, potz Bassa Manelka,
wie würd' ich sonst drunterfahren." Seltsam lächelnd nahm
der Pate Droßelmeier die kleine Marie auf den Schoß, und
sprach sanfter als je: „Ei, dir liebe Marie ist ja mehr gegeben,
als mir und uns allen, du bist, wie Pirlipat, eine geborne Prinzessin, denn du regierst in einem schönen blanken Reich. -
Aber viel hast du zu leiden, wenn du dich des armen mißge-
stalteten Nußknackers annehmen willst, da ihn der Mausekönig auf allen Wegen und Stegen verfolgt. - Doch nicht ich -
du du allein kannst ihn retten, sei standhaft und treu." Weder
Marie noch irgend jemand wußte, was Droßelmeier mit diesen Worten sagen wollte, vielmehr kam es dem Medizinalrat
so sonderbar vor, daß er dem Obergerichtsrat an den Puls
fühlte und sagte: „Sie haben, wertester Freund, starke Konge-
stionen nach dem Kopfe, ich will Ihnen etwas aufschreiben."
Nur die Medizinalrätin schüttelte bedächtlich den Kopf, und
sprach leise: „Ich ahne wohl, was der Obergerichtsrat meint,
doch mit deutlichen Worten sagen kann ichs nicht. -"

DER SIEG

Nicht lange dauerte es, als Marie in einer mondhellen Nacht
durch ein seltsames Poltern geweckt wurde, das aus einer
Ecke des Zimmers zu kommen schien. Es war, als würden kleine Steine hin und her geworfen und gerollt, und recht widrig
pfiff und quiekte es dazwischen. „Ach die Mäuse, die Mäuse
kommen wieder", rief Marie erschrocken, und wollte die Mut-

ter wecken, aber jeder Laut stockte, ja sie vermochte kein Glied zu regen, als sie sah, wie der Mausekönig sich durch ein Loch der Mauer hervor arbeitete, und endlich mit funkelnden Augen und Kronen im Zimmer herum, dann aber mit einem gewaltigen Satz auf den kleinen Tisch, der dicht neben Mariens Bette stand, heraufsprang. „Hi - hi - hi - mußt mir deine Zuckererbsen - deinen Marzipan geben, klein Ding-sonst zerbeiß ich deinen Nußknacker - deinen Nußknacker!" - So pfiff Mausekönig, knapperte und knirschte dabei sehr häßlich mit den Zähnen, und sprang dann schnell wieder fort durch das Mauerloch. Marie war so geängstet von der graulichen Erscheinung, daß sie den andern Morgen ganz blaß aussah, und im Innersten aufgeregt, kaum ein Wort zu reden vermochte. Hundertmal wollte sie der Mutter oder der Luise, oder wenigstens dem Fritz klagen, was ihr geschehen, aber sie dachte: „Glaubts mir denn einer, und werd ich nicht obendrein tüchtig ausgelacht?" - Das war ihr denn aber wohl klar, daß sie, um den Nußknacker zu retten, Zuckererbsen und Marzipan hergeben müsse. So viel sie davon besaß, legte sie daher den andern Abend hin vor der Leiste des Schranks. Am Morgen sagte die Medizinalrätin: „Ich weiß nicht, woher die Mäuse mit einemmal in unser Wohnzimmer kommen, sieh nur, arme Marie! sie haben dir all dein Zuckerwerk aufgefressen." Wirklich war es so. Den gefüllten Marzipan hatte der gefräßige Mausekönig nicht nach seinem Geschmack gefunden, aber mit scharfen Zähnen benagt, so daß er weggeworfen werden mußte. Marie machte sich gar nichts mehr aus dem Zuckerwerk, sondern war vielmehr im Innersten erfreut, da sie ihren Nußknacker gerettet glaubte. Doch wie ward ihr, als in der folgenden Nacht es dicht an ihren Ohren pfiff und quiekte. Ach der Mausekönig war wieder da, und noch abscheulicher wie in der vorvorigen Nacht funkelten seine Augen, und noch widriger pfiff er zwischen den Zähnen. „Mußt mir deine Zucker -, deine Dragantpuppen geben, klein Ding,, sonst zerbeiß ich deinen Nußknacker, deinen Nußknacker", und damit sprang der grauliche Mausekönig wieder fort! - Marie war sehr betrübt, sie ging den andern Morgen an den Schrank, und sah mit den wehmütigsten Blicken ihre Zucker - und Dragantpüppchen an. Aber ihr Schmerz war auch gerecht, denn nicht glauben magst du's, meine aufmerksame Zuhörerin Marie! was für ganz allerliebste Figürchen aus Zucker oder Dragant geformt die kleine Marie Stahlbaum besaß. Nächstdem, daß ein sehr hübscher Schäfer mit seiner Schäferin eine ganze Herde milchweißer Schäflein weidete, und dabei sein muntres Hündchen herumsprang, so traten auch zwei Briefträger mit Briefen in der Hand einher, und vier sehr hübsche Paare, sauber gekleidete Jünglinge mit überaus herrlich geputzten Mädchen schaukelten sich in einer russischen Schaukel. Hinter einigen Tänzern stand noch der Pachter Feldkümmel mit der Jungfrau von Orleans[1], aus denen

---

1 Jungfrau von Orleans: Jeanne d'Arc (1412-31); franz. Nationalheldin

sich Marie nicht viel machte, aber ganz im Winkelchen - die Tränen stürzten der kleinen Marie aus den Augen. - „Ach", rief sie, sich zu dem Nußknacker wendend, „ach, lieber Herr Droßelmeier, was will ich nicht alles tun, um Sie zu retten; aber es ist doch sehr hart!" Nußknacker sah indessen so weinerlich aus, daß Marie, da es überdem ihr war, als sähe sie Mausekönigs sieben Rachen geöffnet, den unglücklichen Jüngling zu verschlingen, alles aufzuopfern beschloß. Alle Zuckerpüppchen setzte sie daher abends, wie zuvor das Zuckerwerk, an die Leiste des Schranks. Sie küßte den Schäfer, die Schäferin, die Lämmerchen, und holte auch zuletzt ihren Liebling, das kleine rotbäckige Kindlein von Dragant, aus dem Winkel, welches sie jedoch ganz hinterwärts stellte. Pachter Feldkümmel und die Jungfrau von Orleans mußten in die erste Reihe. „Nein das ist zu arg", rief die Medizinalrätin am andern Morgen. „Es muß durchaus eine große garstige Maus in dem Glasschrank hausen, denn alle schöne Zuckerpüppchen der armen Marie sind zernagt und zerbissen." Marie konnte sich zwar der Tränen nicht enthalten, sie lächelte aber doch bald wieder, denn sie dachte - „Was tuts, ist doch Nußknacker gerettet." Der Medizinalrat sagte am Abend, als die Mutter dem Obergerichtsrat von dem Unfug erzählte, den eine Maus im Glasschrank der Kinder treibe: „Es ist doch aber abscheulich, daß wir die fatale Maus nicht vertilgen können, die im Glasschrank so ihr Wesen treibt, und der armen Marie alles Zuckerwerk wegfrißt." „Ei", fiel Fritz ganz lustig ein: „Der Becker unten hat einen ganz vortrefflichen grauen Legationsrat, den will ich heraufholen. Er wird dem Dinge bald ein Ende machen, und der Maus den Kopf abbeißen, ist sie auch die Frau Mauserinks selbst, oder ihr Sohn, der Mausekönig." „Und", fuhr die Medizinalrätin lachend fort, „auf Stühle und Tische herumspringen, und Gläser und Tassen herabwerfen und tausend andern Schaden anrichten." „Ach nein doch", erwiderte Fritz, „Beckers Legationsrat ist ein geschickter Mann, ich möchte nur so zierlich auf dem spitzen Dach gehen können, wie er." „Nur keinen Kater zur Nachtzeit", bat Luise, die keine Katzen leiden konnte. „Eigentlich", sprach der Medizinalrat, „eigentlich hat Fritz recht, indessen können wir ja auch eine Falle aufstellen, haben wir denn keine?" „Die kann uns Pate Droßelmeier am besten machen, der hat sie ja erfunden", rief Fritz. Alle lachten, und auf die Versicherung der Medizinalrätin, daß keine Falle im Hause sei, verkündete der Obergerichtsrat, daß er mehrere dergleichen besitze, und ließ wirklich zur Stunde eine ganz vortreffliche Mausfalle von Hause herbeiholen. Dem Fritz und der Marie ging nun des Paten Märchen von der harten Nuß ganz lebendig auf. Als die Köchin den Speck röstete, zitterte und bebte Marie, und sprach ganz erfüllt von dem Märchen und den Wunderdingen darin, zur wohlbekannten Dore: „Ach Frau Königin, hüten Sie sich doch nur vor der Frau Mauserinks und ihrer Familie." Fritz hatte aber seinen Säbel gezogen, und sprach: „Ja die sollten nur kommen, denen wollt' ich eins aus-

wischen." Es blieb aber alles unter und auf dem Herde ruhig.
Als nun der Obergerichtsrat den Speck an ein feines Fädchen
band, und leise, leise die Falle an den Glasschrank setzte, da
rief Fritz: „Nimm dich in acht, Pate Uhrmacher, daß dir Mausekönig keinen Possen spielt." - Ach wie ging es der armen
Marie in der folgenden Nacht! Eiskalt tupfte es auf ihrem Arm
hin und her, und rauh und ekelhaft legte es sich an ihre
Wange, und piepte und quiekte ihr ins Ohr. - Der abscheuliche
Mauskönig saß auf ihrer Schulter, und blutrot geiferte es aus
den sieben geöffneten Rachen, und mit den Zähnen knatternd
und knirschend zischte er der vor Grauen und Schreck erstarr-
ten Marie ins Ohr: „Zisch aus - zisch aus, geh' nicht ins Haus -
geh' nicht zum Schmaus - werd' nicht gefangen - zisch aus -
gib heraus, gib heraus, deine Bilderbücher all, dein Kleidchen
dazu, sonst hast keine Ruh - magst's nur wissen, Nußknackerlein wirst sonst missen, der wird zerbissen - hi hi - pi
pi - quiek quiek!" - Nun war Marie voll Jammer und Betrübnis
- sie sah ganz blaß und verstört aus, als die Mutter am andern
Morgen sagte: „Die böse Maus hat sich noch nicht gefangen",
so daß die Mutter in dem Glauben, daß Marie um ihr Zuckerwerk traure, und sich überdem vor der Maus fürchte, hinzufüg-
te: „Aber sei nur ruhig, liebes Kind, die böse Maus wollen wir
schon vertreiben. Helfen die Fallen nichts, so soll Fritz seinen
grauen Legationsrat herbeibringen." Kaum befand sich Marie
im Wohnzimmer allein, als sie vor den Glasschrank trat, und
schluchzend also zum Nußknacker sprach: „Ach mein lieber
guter Herr Droßelmeier, was kann ich armes unglückliches
Mädchen für Sie tun? - Gäb ich nun auch all meine Bilderbücher, ja selbst mein schönes neues Kleidchen, das mir der
heilige Christ einbeschert hat, dem abscheulichen Mausekönig
zum Zerbeißen her, wird er denn nicht doch noch immer mehr
verlangen, so daß ich zuletzt nichts mehr haben werde, und er
gar mich selbst statt Ihrer zerbeißen wollen wird ? - O ich
armes Kind, was soll ich denn nun tun - was soll ich denn nun
tun?" - Als die kleine Marie so jammerte und klagte, bemerkte
sie, daß dem Nußknacker von jener Nacht her ein großer Blutfleck am Halse sitzen geblieben war. Seit der Zeit, daß Marie
wußte, wie ihr Nußknacker eigentlich der junge Droßelmeier,
des Obergerichtsrats Neffe sei, trug sie ihn nicht mehr auf dem
Arm, und herzte und küßte ihn nicht mehr, ja sie mochte ihn
aus einer gewissen Scheu gar nicht einmal viel anrühren; jetzt
nahm sie ihn aber sehr behutsam aus dem Fache, und fing an,
den Blutfleck am Halse mit ihrem Schnupftuch abzureiben.
Aber wie ward ihr, als sie plötzlich fühlte, daß Nußknackerlein
in ihrer Hand erwarmte, und sich zu regen begann. Schnell
setzte sie ihn wieder ins Fach, da wackelte das Mündchen hin
und her, und mühsam lispelte Nußknackerlein: „Ach, werteste
Demoiselle Stahlbaum - vortreffliche Freundin, was verdanke
ich Ihnen alles - Nein, kein Bilderbuch, kein Christkleidchen
sollen Sie für mich opfern - schaffen Sie nur ein Schwert - ein
Schwert, für das übrige will ich sorgen, mag er -" Hier ging

dem Nußknacker die Sprache aus, und seine erst zum Ausdruck der innigsten Wehmut beseelten Augen wurden wieder starr und leblos. Marie empfand gar kein Grauen, vielmehr hüpfte sie vor Freuden, da sie nun ein Mittel wußte, den Nußknacker ohne weitere schmerzhafte Aufopferungen zu retten. Aber wo nun ein Schwert für den Kleinen hernehmen? - Marie beschloß, Fritzen zu Rate zu ziehen, und erzählte ihm abends, als sie, da die Eltern ausgegangen, einsam in der Wohnstube am Glasschrank saßen, alles, was ihr mit dem Nußknacker und dem Mausekönig widerfahren, und worauf es nun ankomme, den Nußknacker zu retten. Über nichts wurde Fritz nachdenklicher, als darüber, daß sich, nach Mariens Bericht, seine Husaren in der Schlacht so schlecht genommen haben sollten. Er frug noch einmal sehr ernst, ob es sich wirklich so verhalte, und nachdem es Marie auf ihr Wort versichert, so ging Fritz schnell nach dem Glasschrank, hielt seinen Husaren eine pathetische Rede, und schnitt dann, zur Strafe ihrer Selbstsucht und Feigheit, einem nach dem andern das Feldzeichen von der Mütze, und untersagte ihnen auch, binnen einem Jahr den Gardehusarenmarsch zu blasen. Nachdem er sein Strafamt vollendet, wandte er sich wieder zu Marien, sprechend: „Was den Säbel betrifft, so kann ich dem Nußknacker helfen, da ich einen alten Obristen von den Kürassiers gestern mit Pension in Ruhestand versetzt habe, der folglich seinen schönen scharfen Säbel nicht mehr braucht." Besagter Obrister verzehrte die ihm von Fritzen angewiesene Pension in der hintersten Ecke des dritten Faches. Dort wurde er hervorgeholt, ihm der in der Tat schmucke silberne Säbel abgenommen, und dem Nußknacker umgehängt.

Vor bangem Grauen konnte Marie in der folgenden Nacht nicht einschlafen, es war ihr um Mitternacht so, als höre sie im Wohnzimmer ein seltsames Rumoren, Klirren und Rauschen. - Mit einemmal ging es: „Quiek!" - „Der Mausekönig! der Mausekönig!" rief Marie, und sprang voll Entsetzen aus dem Bette. Alles blieb still; aber bald klopfte es leise, leise an die Türe, und ein feines Stimmchen ließ sich vernehmen: „Allerbeste Demoiselle Stahlbaum, machen Sie nur getrost auf - gute fröhliche Botschaft!" Marie erkannte die Stimme des jungen Droßelmeier, warf ihr Röckchen über, und öffnete flugs die Türe. Nußknackerlein stand draußen, das blutige Schwert in der rechten, ein Wachslichtchen in der linken Hand. So wie er Marien erblickte, ließ er sich auf ein Knie nieder, und sprach also: „Ihr, o Dame! seid es allein, die mich mit Rittermut stählte, und meinem Arme Kraft gab, den Übermütigen zu bekämpfen, der es wagte, Euch zu höhnen. Überwunden liegt der verräterische Mausekönig und wälzt sich in seinem Blute! - Wollet, o Dame! die Zeichen des Sieges aus der Hand Euers Euch bis in dem Tod ergebenen Ritters anzunehmen nicht verschmähen!" Damit streifte Nußknackerchen die sieben goldnen Kronen des Mausekönigs, die er auf den linken Arm heraufgestreift hatte, sehr geschickt herunter, und überreichte sie Marien, welche sie voller Freude annahm. Nußknacker stand auf, und fuhr also fort: „Ach meine allerbeste Demoiselle Stahlbaum, was könnte ich in diesem Augenblick, da ich meinen Feind überwunden, Sie für herrliche Dinge schauen lassen, wenn Sie die Gewogenheit hätten, mir nur ein paar Schrittchen zu folgen! - O tun Sie es - tun Sie es, beste Demoiselle!" -

DAS PUPPENREICH
Ich glaube, keins von euch, ihr Kinder, hätte auch nur einen Augenblick angestanden, dem ehrlichen gutmütigen Nußknacker, der nie Böses im Sinn haben konnte, zu folgen. Marie tat dies um so mehr, da sie wohl wußte, wie sehr sie auf Nußknackers Dankbarkeit Anspruch machen könne, und überzeugt war, daß er Wort halten, und viel Herrliches ihr zeigen werde. Sie sprach daher: „Ich gehe mit Ihnen, Herr Droßelmeier, doch muß es nicht weit sein, und nicht lange dauern, da ich ja noch gar nicht ausgeschlafen habe." „Ich wähle deshalb", erwiderte Nußknacker, „den nächsten, wiewohl etwas beschwerlichen Weg." Er schritt voran, Marie ihm nach, bis er vor dem alten mächtigen Kleiderschrank auf dem Hausflur stehenblieb. Marie wurde zu ihrem Erstaunen gewahr, daß die Türen dieses sonst wohl verschlossenen Schranks offen standen, so daß sie deutlich des Vaters Reisefuchspelz erblickte, der ganz vorne hing. Nußknacker kletterte sehr geschickt an den Leisten und Verzierungen herauf, bis er die große Troddel, die an einer dicken Schnur befestigt, auf dem Rückteile jenes Pelzes hing, erfassen konnte. Sowie Nußknacker diese Troddel stark anzog, ließ sich schnell eine sehr zierliche Treppe von Zedernholz durch den Pelzärmel herab. „Steigen Sie nur gefälligst aufwärts, teuerste Demoiselle", rief Nußknacker. Marie tat es, aber kaum war sie durch den Ärmel gestiegen, kaum sah sie zum Kragen heraus, als ein blendendes Licht ihr entgegenstrahlte, und sie mit einemmal auf einer herrlich duftenden Wiese stand, von der Millionen Funken, wie blinkende Edelsteine emporstrahlten. „Wir befinden uns auf der Kandiswiese", sprach Nußknacker, „wollen aber alsbald jenes Tor passieren." Nun wurde Marie, indem sie aufblickte, erst das schöne Tor gewahr, welches sich nur wenige Schritte vorwärts auf der Wiese erhob. Es schien ganz von weiß, braun und rosinfarben gesprenkelten Marmor erbaut zu sein, aber als Marie näher kam, sah sie wohl, daß die ganze Masse aus zusammengebackenen Zuckermandeln und Rosinen bestand, weshalb denn auch, wie Nußknacker versicherte, das Tor, durch welches sie nun durchgingen, das Mandeln- und Rosinentor hieß. Gemeine Leute hießen es sehr unziemlich, die Studentenfutterpforte. Auf einer herausgebauten Galerie dieses Tors, augenscheinlich aus Gerstenzucker, machten sechs in rote Wämserchen gekleidete Äffchen die allerschönste Janitscharenmusik[1], die man hören konnte, so

1 **Janitscharenmusik:** türkische Militärmusik

daß Marie kaum bemerkte, wie sie immer weiter, weiter auf bunten Marmorfliesen, die aber nichts anders waren, als schön gearbeitete Morschellen[1], fortschritt. Bald umwehten sie die süßesten Gerüche, die aus einem wunderbaren Wäldchen strömten, das sich von beiden Seiten auftat. In dem dunklen Laube glänzte und funkelte es so hell hervor, daß man deutlich sehen konnte, wie goldne und silberne Früchte an buntgefärbten Stengeln herabhingen, und Stamm und Äste sich mit Bändern und Blumensträußen geschmückt hatten, gleich fröhlichen Brautleuten und lustigen Hochzeitgästen. Und wenn die Orangendüfte sich wie wallende Zephyre[2] rührten, da saus'te es in den Zweigen und Blättern, und das Rauschgold knitterte und knatterte, daß es klang wie jubelnde Musik, nach der die funkelnden Lichterchen hüpfen und tanzen müßten. „Ach wie schön ist es hier", rief Marie ganz selig und entzückt. „Wir sind im Weihnachtswalde, beste Demoiselle", sprach Nußknackerlein. „Ach", fuhr Marie fort, „dürft' ich hier nur etwas verweilen, o es ist ja hier gar zu schön." Nußknacker klatschte in die kleinen Händchen und sogleich kamen einige kleine Schäfer und Schäferinnen, Jäger und Jägerinnen herbei, die so zart und weiß waren, daß man hätte glauben sollen, sie wären von purem Zucker und die Marie, unerachtet sie im Walde umher spazierten, noch nicht bemerkt hatte. Sie brachten einen allerliebsten ganz goldnen Lehnsessel herbei, legten ein weißes Kissen von Reglisse darauf, und luden Marien sehr höflich ein, sich darauf niederzulassen. Kaum hatte sie es getan, als Schäfer und Schäferinnen ein sehr artiges Ballett tanzten, wozu die Jäger ganz manierlich bliesen, dann verschwanden sie aber alle in dem Gebüsch. „Verzeihen Sie", sprach Nußknacker, „verzeihen Sie, werteste Demoiselle Stahlbaum, daß der Tanz so miserabel ausfiel, aber die Leute waren alle von unserm Drahtballet, die können nichts anders machen als immer und ewig dasselbe: und daß die Jäger so schläfrig und flau dazu bliesen, das hat auch seine Ursachen. Der Zuckerkorb hängt zwar über ihrer Nase in den Weihnachtsbäumen, aber etwas hoch! - Doch wollen wir nicht was weniges weiter spazieren?" „Ach es war doch alles recht hübsch und mir hat es sehr wohl gefallen!" so sprach Marie, indem sie aufstand und dem voranschreitenden Nußknacker folgte. Sie gingen entlang eines süß rauschenden, flüsternden Baches, aus dem nun eben all' die herrlichen Wohlgerüche zu duften schienen, die den ganzen Wald erfüllten. „Es ist der Orangenbach", sprach Nußknacker auf Befragen, „doch seinen schönen Duft ausgenommen, gleicht er nicht an Größe und Schönheit dem Limonadenstrom, der sich gleich ihm in den Mandelmilchsee ergießt." In der Tat vernahm Marie bald ein stärkeres Plätschern und Rauschen und erblickte den breiten Limonadenstrom, der sich in stolzen isabellfarbenen Wel-

---

1 Morschellen: Zuckertafeln mit Mandeln oder Nüssen
2 Zephyre: milder Südwestwind

len zwischen gleich grün glühenden Karfunkeln leuchtendem Gesträuch fortkräuselte. Eine ausnehmend frische, Brust und Herz stärkende Kühlung wogte aus dem herrlichen Wasser. Nicht weit davon schleppte sich mühsam ein dunkelgelbes Wasser fort, das aber ungemein süße Düfte verbreitete und an dessen Ufer allerlei sehr hübsche Kinderchen saßen, welche kleine dicke Fische angelten und sie alsbald verzehrten. Näher gekommen, bemerkte Marie, daß diese Fische aussahen wie Lampertsnüsse[1]. In einiger Entfernung lag ein sehr nettes Dörfchen an diesem Strome, Häuser, Kirche, Pfarrhaus, Scheuern, alles war dunkelbraun, jedoch mit goldenen Dächern geschmückt, auch waren viele Mauern so bunt gemalt, als seien Zitronat und Mandelkerne darauf geklebt. „Das ist Pfefferkuchheim", sagte Nußknacker, „welches am Honigstrome liegt, es wohnen ganz hübsche Leute darin, aber sie sind meistens verdrießlich, weil sie sehr an Zahnschmerzen leiden, wir wollen daher nicht erst hineingehen." In dem Augenblick bemerkte Marie ein Städtchen, das aus lauter bunten durchsichtigen Häusern bestand und sehr hübsch anzusehen war. Nußknacker ging geradezu darauf los und nun hörte Marie ein tolles lustiges Getöse und sah wie tausend niedliche kleine Leutchen viele hoch bepackte Wagen, die auf dem Markte hielten, untersuchten und abzupacken im Begriff standen. Was sie aber hervorbrachten, war anzusehen wie buntes gefärbtes Papier und wie Schokolade-Tafeln. „Wir sind in Bonbonshausen", sagte Nußknacker, „eben ist eine Sendung aus dem Papierlande und vom Schokoladen-Könige angekommen. Die armen Bonbonshäuser wurden neulich von der Armee des Mücken-Admirals hart bedroht, deshalb überziehen sie ihre Häuser mit den Gaben des Papierlandes und führen Schanzen auf, von den tüchtigen Werkstücken, die ihnen der Schokoladen-König sandte. Aber beste Demoiselle Stahlbaum, nicht alle kleinen Städte und Dörfer dieses Landes wollen wir besuchen - zur Hauptstadt - zur Hauptstadt!" - Rasch eilte Nußknacker vorwärts und Marie voller Neugierde ihm nach. Nicht lange dauerte es, so stieg ein herrlicher Rosenduft auf und alles war wie von einem sanften hinhauchenden Rosenschimmer umflossen. Marie bemerkte, daß dies der Widerschein eines rosenrot glänzenden Wassers war, das in kleinen rosasilbernen Wellchen vor ihnen her wie in wunderlieblichen Tönen und Melodien plätscherte und rauschte. Auf diesem anmutigen Gewässer, das sich immer mehr und mehr wie ein großer See ausbreitete, schwammen sehr herrliche silberweiße Schwäne mit goldnen Halsbändern, und sangen mit einander um die Wette die hübschesten Lieder, wozu diamantne Fischlein aus den Rosenfluten auf- und niedertauchten wie im lustigen Tanze. „Ach", rief Marie ganz begeistert aus, „ach das ist der See, wie ihn Pate Droßelmeier mir einst machen wollte, wirklich, und ich selbst bin das Mädchen, das mit den lieben

1 **Lampertsnüsse:** Pfeffernüsse

Schwänchen kosen wird." Nußknackerlein lächelte so spöttisch, wie es Marie noch niemals an ihm bemerkt hatte, und sprach dann: „So etwas kann denn doch wohl der Onkel niemals zu Stande bringen; Sie selbst viel eher, liebe Demoiselle Stahlbaum, doch lassen Sie uns darüber nicht grübeln, sondern vielmehr über den Rosensee hinüber nach der Hauptstadt schiffen."

DIE HAUPTSTADT

Nußknackerlein klatschte abermals in die kleinen Händchen, da fing der Rosensee an stärker zu rauschen, die Wellen plätscherten höher auf, und Marie nahm wahr, wie aus der Ferne ein aus lauter bunten, sonnenhell funkelnden Edelsteinen geformter Muschelwagen, von zwei goldschuppigen Delphinen gezogen, sich nahte. Zwölf kleine allerliebste Mohren mit Mützchen und Schürzchen, aus glänzenden Kolibrifedern gewebt, sprangen ans Ufer und trugen erst Marien, dann Nußknackern sanft über die Wellen gleitend, in den Wagen, der sich alsbald durch den See fortbewegte. Ei wie war das so schön, als Marie im Muschelwagen, von Rosenduft umhaucht, von Rosenwellen umflossen, so dahinfuhr. Die beiden goldschuppigen Delphine erhoben ihre Nüstern und spritzten kristallene Strahlen hoch in die Höhe, und wie die in flimmernden und funkelnden Bogen niederfielen, da war es, als sängen zwei holde feine Silberstimmchen: „Wer schwimmt auf rosigem See? - die Fee! Mücklein! bim bim Fischlein, sim sim- Schwäne! Schwa schwa, Goldvogel! trarah, Wellen-Ströme - rührt euch, klinget, singet, wehet, spähet - Feelein, Feelein kommt gezogen; Rosenwogen, wühlet, kühlet, spület - spült hinan - hinan!" - Aber die zwölf kleinen Mohren, die hinten auf den Muschelwagen aufgesprungen waren, schienen das Gesinge der Wasserstrahlen ordentlich übel zu nehmen, denn sie schüttelten ihre Sonnenschirme so sehr, daß die Dattelblätter, aus denen sie geformt waren, durcheinander knitterten und knatterten, und dabei stampften sie mit den Füßen einen ganz seltsamen Takt und sangen: „Klapp und klipp und klipp und klapp, auf und ab - Mohrenreigen darf nicht schweigen; rührt euch Fische - rührt euch Schwäne; dröhne Muschelwagen, dröhne, klapp und klipp und klipp und klapp und auf und ab!" - „Mohren sind gar lustige Leute", sprach Nußknacker etwas betreten, „aber sie werden mir den ganzen See rebellisch machen." In der Tat ging auch bald ein sinnverwirrendes Getöse wunderbarer Stimmen los, die in See und Luft zu schwimmen schienen, doch Marie achtete dessen nicht, sondern sah in die duftenden Rosenwellen, aus deren jeder ihr ein solches anmutiges Mädchenantlitz entgegen-lächelte. „Ach", rief sie freudig, indem sie die kleinen Händchen zusammenschlug: „Ach schauen Sie nur, lieber Herr Droßelmeier! Da unten ist die Prinzessin Pirlipat, die lächelt mich an so wunderhold. - Ach schauen Sie doch nur, lieber Herr Droßelmeier!" - Nußknacker seufzte aber fast kläglich und sagte: „O beste Demoiselle Stahlbaum, das ist nicht die Prinzessin Pirlipat, das sind Sie und immer nur Sie selbst, immer nur Ihr eignes holdes Antlitz, das so lieb aus jeder Rosenwelle lächelt." Da fuhr Marie schnell mit dem Kopf zurück, schloß die Augen fest zu und schämte sich sehr. In demselben Augenblick wurde sie auch von den zwölf Mohren aus dem Muschelwagen gehoben und an das Land getragen. Sie befand sich in einem kleinen Gebüsch, das beinahe noch schöner war als der Weihnachtswald, so glänzte und funkelte alles darin, vorzüglich waren aber die seltsamen Früchte zu bewundern, die an allen Bäumen hingen, und nicht allein seltsam gefärbt waren, sondern auch ganz wunderbar dufteten. „Wir sind im Confiturenhain", sprach Nußknacker, „aber dort ist die Hauptstadt." Was erblickte Marie nun! Wie werd' ich es denn anfangen, euch, ihr Kinder, die Schönheit und Herrlichkeit der Stadt zu beschreiben, die sich jetzt breit über einen reichen Blumenanger hin vor Mariens Augen auftat. Nicht allein daß Mauern und Türme in den herrlichsten Farben prangten, so war auch wohl, was die Form der Gebäude anlangt, gar nichts Ähnliches auf Erden zu finden. Denn statt der Dächer hatten die Häuser zierlich geflochtene Kronen aufgesetzt, und die Türme sich mit dem zierlichsten buntesten Laubwerk gekränzt, das man nur sehen kann. Als sie durch das Tor, welches so aussah, als sei es von lauter Makronen und überzuckerten Früchten erbaut, gingen, präsentierten silberne Soldaten das Gewehr und ein Männlein in einem brokatnen Schlafrock warf sich dem Nußknacker um den Hals mit den Worten: „Willkommen bester Prinz, willkommen in Confektburg!" Marie wunderte sich nicht wenig, als sie merkte, daß der junge Droßelmeier von einem sehr vornehmen Mann als Prinz anerkannt wurde. Nun hörte sie aber so viel feine Stimmchen durcheinandertoben, solch ein Gejuchze und Gelächter, solch ein Spielen und Singen, daß sie an nichts anders denken konnte, sondern nur gleich Nußknackerchen frug, was denn das zu bedeuten habe? „O beste Demoiselle Stahlbaum", erwiderte Nußknacker; „das ist nichts Besonders, Confektburg ist eine volkreiche lustige Stadt, da gehts alle Tage so her, kommen Sie aber nur gefälligst weiter." Kaum waren sie einige Schritte gegangen, als sie auf den großen Marktplatz kamen, der den herrlichsten Anblick gewährte. Alle Häuser rings umher waren von durchbrochener Zuckerarbeit, Galerie über Galerie getürmt, in der Mitte stand ein hoher überzuckerter Baumkuchen als Obelisk und um ihn her sprützten vier sehr künstliche Fontainen, Orsade[1], Limonade und andeve herrliche süße Getränke in die Lüfte; und in dem Becken sammelte sich lauter Kreme, den man gleich hätte auslöffeln mögen. Aber hübscher als alles das waren die allerliebsten kleinen Leutchen, die sich zu Tausenden Kopf an Kopf durcheinanderdrängten und juchzten und lachten und scherzten und sangen, kurz jenes lustige Getöse erhoben, das Marie schon in der Ferne gehört

1 **Orsade:** Orangengetränk mit Wasser und Zucker

hatte. Da gab es schön gekleidete Herren und Damen, Armenier und Griechen, Juden und Tiroler, Offiziere und Soldaten, und Prediger und Schäfer und Hanswürste, kurz alle nur mögliche Leute, wie sie in der Welt zu finden sind. An der einen Ecke wurde größer der Tumult, das Volk strömte auseinander, denn eben ließ sich der Großmogul[1] auf einem Palankin[2] vorübertragen, begleitet von dreiundneunzig Großen des Reichs und siebenhundert Sklaven. Es begab sich aber, daß an der andern Ecke die Fischerzunft, an fünfhundert Köpfe stark, ihren Festzug hielt, und übel war es auch, daß der türkische Großherr gerade den Einfall hatte, mit dreitausend Janitscharen über den Markt spazieren zu reiten, wozu noch der große Zug aus dem unterbrochenen Opferfeste kam, der mit klingendem Spiel und dem Gesange: „Auf danket der mächtigen Sonne", gerade auf den Baumkuchen zu wallte. Das war ein Drängen und Stoßen und Treiben und Gequieke! - Bald gab es auch viel Jammergeschrei, denn ein Fischer hatte im Gedränge einem Bramin[3] den Kopf abgestoßen und der Großmogul wäre beinahe von einem Hanswurst überrannt worden. Toller und toller wurde der Lärm und man fing bereits an sich zu stoßen und zu prügeln, als der Mann im brokatnen Schlafrock, der am Tor den Nußknacker als Prinz begrüßt hatte, auf den Baumkuchen kletterte, und nachdem eine sehr hell klingende Glocke dreimal angezogen worden, dreimal laut rief: „Konditor! Konditor! - Konditor!" - Sogleich legte sich der Tumult, ein jeder suchte sich zu behelfen wie er konnte, und nachdem die verwickelten Züge sich entwickelt hatten, der besudelte Großmogul abgebürstet, und dem Bramin der Kopf wieder aufgesetzt worden, ging das vorige lustige Getöse aufs neue los. „Was bedeutet das mit dem Konditor, guter Herr Droßelmeier", frug Marie. „Ach beste Demoiselle Stahlbaum", erwiderte Nußknacker: „Konditor wird hier eine unbekannte, aber sehr grauliche Macht genannt, von der man glaubt, daß sie aus dem Menschen machen könne was sie wolle; es ist das Verhängnis, welches über dies kleine lustige Volk regiert, und sie fürchten dieses so sehr, daß durch die bloße Nennung des Namens der größte Tumult gestillt werden kann, wie es eben der Herr Bürgermeister bewiesen hat. Ein jeder denkt dann nicht mehr an irdisches, an Rippenstöße und Kopfbeulen, sondern geht in sich und spricht: Was ist der Mensch und was kann aus ihm werden?" - Eines lauten Rufs der Bewunderung, ja des höchsten Erstaunens konnte sich Marie nicht enthalten, als sie jetzt mit einemmal vor einem in rosenrotem Schimmer hell leuchtenden Schlosse mit hundert luftigen Türmen stand. Nur hin und wieder waren reiche Bouquets von Veilchen, Narzissen, Tulpen, Levkojen[4] auf die Mauern gestreut, deren dun-

---

1 **Großmogul:** indischer Großfürst
2 **Palankin:** Tragsessel der reichen Inder
3 **Bramin:** indischer Priester
4 **Levkojen:** bunte Zierpflanzen

kelbrennende Farben nur die blendende, ins Rosa spielende Weiße des Grundes erhöhten. Die große Kuppel des Mittelgebäudes, sowie die pyramidenförmigen Dächer der Türme waren mit tausend golden und silbern funkelnden Sternlein besäet. „Nun sind wir vor dem Marzipanschloß", sprach Nußknacker. Marie war ganz verloren in dem Anblick des Zauberpalastes, doch entging es ihr nicht, daß das Dach eines großen Turmes gänzlich fehlte, welches kleine Männerchen, die auf einem von Zimtstangen erbauten Gerüste standen, wiederherstellen zu wollen schienen. Noch ehe sie den Nußknacker darum befragte, fuhr dieser fort. „Vor kurzer Zeit drohte diesem schönen Schloß arge Verwüstung, wo nicht gänzlicher Untergang. Der Riese Leckermaul kam des Weges gegangen, biß schnell das Dach jenes Turmes herunter und nagte schon an der großen Kuppel, die Confektbürger brachten ihm aber ein ganzes Stadtviertel, sowie einen ansehnlichen Teil des Confiturenhains als Tribut, womit er sich abspeisen ließ und weiterging." In dem Augenblick ließ sich eine sehr angenehme sanfte Musik hören, die Tore des Schlosses öffneten sich und es traten zwölf kleine Pagen heraus mit angezündeten Gewürznelkstengeln, die sie wie Fackeln in den kleinen Händchen trugen. Ihre Köpfe bestanden aus einer Perle, die Leiber aus Rubinen und Smaragden und dazu gingen sie auf sehr schön aus purem Gold gearbeiteten Füßchen einher. Ihnen folgten vier Damen, beinahe so groß als Mariens Clärchen, aber so über die Maßen herrlich und glänzend geputzt, daß Marie nicht einen Augenblick in ihnen die gebornen Prinzessinnen verkannte. Sie umarmten den Nußknacker auf das zärtlichste und riefen dabei wehmütig-freudig: „O mein Prinz! - mein bester Prinz! - o mein Bruder!" Nußknacker schien sehr gerührt, er wischte sich die sehr häufigen Tränen aus den Augen, ergriff dann Marien bei der Hand und sprach pathetisch: „Dies ist die Demoiselle Marie Stahlbaum, die Tochter eines sehr achtungswerten Medizinalrates, und die Retterin meines Lebens! Warf sie nicht den Pantoffel zur rechten Zeit, verschaffte sie mir nicht den Säbel des pensionierten Obristen, so läg ich, zerbissen von dem fluchwürdigen Mausekönig, im Grabe. - O! dieser Demoiselle Stahlbaum, gleicht ihr wohl Pirlipat, obschon sie eine geborne Prinzessin ist, an Schönheit, Güte und Tugend? - Nein, sag ich, nein!" Alle Damen riefen: „Nein!" und fielen der Marie um den Hals und riefen schluchzend: „O Sie edle Retterin des geliebten prinzlichen Bruders - vortreffliche Demoiselle Stahlbaum!" - Nun geleiteten die Damen Marien und den Nußknacker in das Innere des Schlosses, und zwar in einen Saal, dessen Wände aus lauter farbig funkelnden Kristallen bestanden. Was aber vor allem übrigen der Marie so wohl gefiel, waren die allerliebsten kleinen Stühle, Tische, Kommoden, Sekretairs u.s.w. die ringsherum standen, und die alle von Zedern- oder Brasilienholz mit darauf gestreuten goldnen Blumen verfertigt waren. Die Prinzessinnen nötigten Marien und den Nußknacker zum Sitzen, und sagten, daß sie sogleich selbst ein Mahl bereiten wollten. Nun holten sie eine Menge kleiner Töpfchen und Schüsselchen von dem feinsten japanischen Porzellan, Löffel, Messer und Gabeln, Reibeisen, Kasserollen und andere Küchenbedürfnisse von Gold und Silber herbei. Dann brachten sie die schönsten Früchte und Zuckerwerk, wie es Marie noch niemals gesehen hatte, und fingen an, auf das zierlichste mit den kleinen schneeweißen Händchen die Früchte auszupressen, das Gewürz zu stoßen, die Zuckermandeln zu reiben, kurz so zu wirtschaften, daß Marie wohl einsehen konnte, wie gut sich die Prinzessinnen auf das Küchenwesen verstanden, und was das für ein köstliches Mahl geben würde. Im lebhaften Gefühl, sich auf dergleichen Dinge ebenfalls recht gut zu verstehen, wünschte sie heimlich, bei dem Geschäft der Prinzessinnen selbst tätig sein zu können. Die schönste von Nußknackers Schwestern, als ob sie Mariens geheimen Wunsch erraten hätte, reichte ihr einen kleinen goldnen Mörser mit den Worten hin: „O süße Freundin, teure Retterin meines Bruders, stoße eine Wenigkeit von diesem Zuckerkandel!" Als Marie nun so wohlgemut in den Mörser stieß, daß er gar anmutig und lieblich, wie ein hübsches Liedlein ertönte, fing Nußknacker an sehr weitläuftig zu erzählen, wie es bei der grausenvollen Schlacht zwischen seinem und des Mausekönigs Heer ergangen, wie er der Feigheit seiner Truppen halber geschlagen worden, wie dann der abscheuliche Mausekönig ihn durchaus zerbeißen wollen, und Marie deshalb mehrere seiner Untertanen, die in ihre Dienste gegangen, aufopfern müssen u.s.w. Marien war es bei dieser Erzählung, als klängen seine Worte, ja selbst ihre Mörserstöße, immer ferner und unvernehmlicher, bald sah sie silberne Flöre wie dünne Nebelwolken aufsteigen, in denen die Prinzessinnen - die Pagen, der Nußknacker, ja sie selbst schwammen - ein seltsames Singen und Schwirren und Summen ließ sich vernehmen, das wie in die Weite hin verrauschte: nun hob sich Marie wie auf steigenden Wellen immer höher und höher - höher und höher - höher und höher -

BESCHLUß

Prr - Puff ging es! - Marie fiel herab aus unermeßlicher Höhe. - Das war ein Ruck! - Aber gleich schlug sie auch die Augen auf, da lag sie in ihrem Bettchen, es war heller Tag, und die Mutter stand vor ihr, sprechend: „Aber wie kann man auch so lange schlafen, längst ist das Frühstück da!" Du merkst es wohl, versammeltes, höchst verehrtes Publikum, daß Marie ganz betäubt von all den Wunderdingen, die sie gesehen, endlich im Saal des Marzipanschlosses eingeschlafen war, und daß die Mohren, oder die Pagen, oder gar die Prinzessinnen selbst, sie zu Hause getragen, und ins Bette gelegt hatten. „O Mutter, liebe Mutter, wo hat mich der junge Herr Droßelmeier diese Nacht überall hingeführt, was habe ich alles Schönes gesehen!" Nun erzählte sie alles beinahe so genau, wie ich es soeben erzählt habe, und die Mutter sah sie ganz verwundert an. Als

Marie geendet, sagte die Mutter: „Du hast einen langen, sehr schönen Traum gehabt, liebe Marie, aber schlag dir das alles nur aus dem Sinn." Marie bestand hartnäckig darauf, daß sie nicht geträumt, sondern alles wirklich gesehen habe, da führte die Mutter sie an den Glasschrank, nahm den Nußknacker, der, wie gewöhnlich, im dritten Fache stand, heraus, und sprach: „Wie kannst du, du albernes Mädchen, nur glauben, daß diese Nürnberger Holzpuppe Leben und Bewegung haben kann." „Aber liebe Mutter", fiel Marie ein, „ich weiß es ja wohl, daß der kleine Nußknacker, der junge Herr Droßelmeier aus Nürnberg, Pate Droßelmeiers Neffe ist." Da brachen beide, der Medizinalrat und die Medizinalrätin, in ein schallendes Gelächter aus. „Ach", fuhr Marie beinah weinend fort: „nun lachst du gar meinen Nußknacker aus, lieber Vater! und er hat doch von dir sehr gut gesprochen, denn als wir im Marzipanschloß ankamen, und er mich seinen Schwestern, den Prinzessinnen, vorstellte, sagte er, du seist ein sehr achtungswerter Medizinalrat!" - Noch stärker wurde das Gelächter, in das auch Luise, ja sogar Fritz einstimmte. Da lief Marie ins andere Zimmer, holte schnell aus ihrem kleinen Kästchen die sieben Kronen des Mausekönigs herbei, und überreichte sie der Mutter mit den Worten: „Da sieh nur, liebe Mutter, das sind die sieben Kronen des Mausekönigs, die mir in voriger Nacht der junge Herr Droßelmeier zum Zeichen seines Sieges überreichte." Voll Erstaunen betrachtete die Medizinalrätin die kleinen Krönchen, die von einem ganz unbekannten aber sehr funkelnden Metall so sauber gearbeitet waren, als hätten Menschenhände das unmöglich vollbringen können. Auch der Medizinalrat konnte sich nicht sattsehen an den Krönchen, und beide, Vater und Mutter, drangen sehr ernst in Marien, zu gestehen, wo sie die Krönchen her habe? Sie konnte ja aber nur bei dem, was sie gesagt, stehen bleiben, und als sie nun der Vater hart anließ, und sie sogar eine kleine Lügnerin schalt, da fing sie an heftig zu weinen, und klagte: „Ach ich armes Kind, ich armes Kind! was soll ich denn nun sagen!" In dem Augenblick ging die Türe auf. Der Obergerichtsrat trat hinein, und rief: „Was ist da- was ist da? mein Patchen Marie weint und schluchzt? - Was ist da - was ist da?" Der Medizinalrat unterrichtete ihn von allem, was geschehen, indem er ihm die Krönchen zeigte. Kaum hatte der Obergerichtsrat aber diese angesehen, als er lachte, und rief: „Toller Schnack, toller Schnack, das sind ja die Krönchen, die ich vor Jahren an meiner Uhrkette trug, und die ich der kleinen Marie an ihrem Geburtstage, als sie zwei Jahre alt worden, schenkte. Wißt ihrs denn nicht mehr?" Weder der Medizinalrat noch die Medizinalrätin konnten sich dessen erinnern, als aber Marie wahrnahm, daß die Gesichter der Eltern wieder freundlich geworden, da sprang sie los, auf Pate Droßelmeier und rief: „Ach, du weißt ja alles, Pate Droßelmeier, sag es doch nur selbst, daß mein Nußknacker dein Neffe, der junge Herr Droßelmeier aus Nürnberg ist, und daß er mir die Krönchen geschenkt hat!" - Der

Obergerichtsrat machte aber ein sehr finsteres Gesicht und murmelte: „Dummer einfältiger Schnack." Darauf nahm der Medizinalrat die kleine Marie vor sich und sprach sehr ernsthaft: „Hör mal Marie, laß nun einmal die Einbildungen und Possen, und wenn du noch einmal sprichst, daß der einfältige mißgestaltete Nußknacker der Neffe des Herrn Obergerichtsrates sei, so werf ich nicht allein den Nußknacker, sondern auch alle deine übrigen Puppen, Mamsell Clärchen nicht ausgenommen, durchs Fenster." -Nun durfte freilich die arme Marie gar nicht mehr davon sprechen, wovon denn doch ihr ganzes Gemüt erfüllt war, denn ihr möget es euch wohl denken, daß man solch Herrliches und Schönes, wie es Marien widerfahren, gar nicht vergessen kann. Selbst, sehr geehrter Leser oder Zuhörer, Fritz, selbst dein Kamerad Fritz Stahlbaum drehte der Schwester sogleich den Rücken, wenn sie ihm von dem Wunderreiche, in dem sie so glücklich war, erzählen wollte. Er soll sogar manchmal zwischen den Zähnen gemurmelt haben: „Einfältige Gans!" Doch das kann ich seiner sonst erprobten guten Gemütsart halber nicht glauben, so viel ist aber gewiß, daß, da er nun an nichts mehr, was ihm Marie erzählte, glaubte, er seinen Husaren bei öffentlicher Parade das ihnen geschehene Unrecht förmlich abbat, ihnen statt der verlornen Feldzeichen viel höhere, schönere Büsche von Gänsekielen anheftete, und ihnen auch wieder erlaubte, den Gardehusarenmarsch zu blasen. Nun! - wir wissen am besten, wie es mit dem Mut der Husaren aussah, als sie von den häßlichen Kugeln Flecke auf die roten Wämser kriegten! -

Sprechen durfte nun Marie nicht mehr von ihrem Abenteuer, aber die Bilder jenes wunderbaren Feenreichs um-gaukelten sie in süßwogendem Rauschen und in holden lieblichen Klängen; sie sah alles noch einmal, so wie sie nur ihren Sinn fest darauf richtete, und so kam es, daß sie, statt zu spielen, wie sonst, starr und still, tief in sich gekehrt, dasitzen konnte, weshalb sie von allen eine kleine Träumerin gescholten wurde. Es begab sich, daß der Obergerichtsrat einmal eine Uhr in dem Hause des Medizinalrats reparierte, Marie saß am Glasschrank, und schaute, in ihre Träume vertieft, den Nußknacker an, da fuhr es ihr wie unwillkürlich, heraus: „Ach, lieber Herr Droßelmeier, wenn Sie doch nur wirklich lebten, ich würds nicht so machen, wie Prinzessin Pirlipat, und Sie verschmähen, weil Sie, um meinetwillen, aufgehört haben, ein hübscher junger Mann zu sein!" In dem Augenblick schrie der Obergerichtsrat: „Hei, hei - toller Schnack." - Aber in dem Augenblick geschah auch ein solcher Knall und Ruck, daß Marie ohnmächtig vom Stuhle sank. Als sie wieder erwachte, war die Mutter um sie beschäftigt, und sprach: „Aber wie kannst du nur vom Stuhle fallen, ein so großes Mädchen! - Hier ist der Neffe des Herrn Obergerichtsrates aus Nürnberg angekommen - sei hübsch artig!" - Sie blickte auf, der Obergerichtsrat hatte wieder seine Glasperücke aufgesetzt, seinen gelben Rock angezogen, und lächelte sehr zufrieden, aber an seiner Hand hielt er einen zwar kleinen, aber sehr wohlgewachsenen jungen Mann. Wie Milch und Blut war sein Gesichtchen, er trug einen sehr herrlichen roten Rock mit Gold, weißseidene Strümpfe und Schuhe, hatte im Jabot[1] ein allerliebstes Blumenbouquet, war sehr zierlich frisiert und gepudert, und hinten über den Rücken hing ihm ein ganz vortrefflicher Zopf herab. Der kleine Degen an seiner Seite schien von lauter Juwelen, so blitzte er, und das Hütlein unterm Arm von Seidenflocken gewebt. Welche angenehme Sitten der junge Mann besaß, bewies er gleich dadurch, daß er Marien eine Menge herrlicher Spielsachen, vorzüglich aber den schönsten Marzipan und dieselben Figuren, welche der Mausekönig zerbissen, dem Fritz aber einen wunderschönen Säbel mitgebracht hatte. Bei Tische knackte der Artige für die ganze Gesellschaft Nüsse auf, die härtesten widerstanden ihm nicht, mit der rechten Hand steckte er sie in den Mund, mit der linken zog er den Zopf an- Krak- zerfiel die Nuß in Stücke! - Marie war glutrot geworden, als sie den jungen artigen Mann erblickte, und noch röter wurde sie, als nach Tische der junge Droßelmeier sie einlud, mit ihm in das Wohnzimmer an den Glasschrank zu gehen. „Spielt nur hübsch mit einander, ihr Kinder, ich habe nun, da alle meine Uhren richtig gehen, nichts dagegen", rief der Obergerichtsrat. Kaum war aber der junge Droßelmeier mit Marien allein, als er sich auf ein Knie niederließ, und also sprach: „O meine allervortrefflichste Demoiselle Stahlbaum, sehn Sie hier zu Ihren Füßen den beglückten Droßelmeier, dem Sie an dieser Stelle das Leben retteten! - Sie sprachen es gütigst aus, daß Sie mich nicht wie die garstige Prinzessin Pirlipat verschmähen wollten, wenn ich Ihretwillen häßlich geworden! - sogleich hörte ich auf ein schnöder Nußknacker zu sein, und erhielt meine vorige nicht unangenehme Gestalt wieder. - O vortreffliche Demoiselle, beglücken Sie mich mit Ihrer werten Hand, teilen Sie mit mir Reich und Krone, herrschen Sie mit mir auf Marzipanschloß, denn dort bin ich jetzt König!" - Marie hob den Jüngling auf, und sprach leise: ‚Lieber Herr Droßelmeier! Sie sind ein sanftmütiger guter Mensch, und da Sie dazu noch ein anmutiges Land mit sehr hübschen lustigen Leuten regieren, so nehme ich Sie zum Bräutigam an!' - Hierauf wurde Marie sogleich Droßelmeiers Braut. Nach Jahresfrist hat er sie, wie man sagt, auf einem goldnen von silbernen Pferden gezogenen Wagen abgeholt. Auf der Hochzeit tanzten zweiundzwanzigtausend der glänzendsten mit Perlen und Diamanten geschmückte Figuren, und Marie soll noch zur Stunde Königin eines Landes sein, in dem man überall funkelnde Weihnachtswälder, durchsichtige Marzipanschlösser, kurz, die allerherrlichsten wunderbarsten Dinge erblicken kann, wenn man nur Augen darnach hat.

Das war das Märchen vom Nußknacker und Mausekönig.

1 Jabot: Spitzenkrause am Halsausschnitt

INHALTSVERZEICHNIS

• TASCHENBÜCHER •

EINLEITUNG UND FUßNOTEN KARIN LAVIAT

DRUCK TECHNO MEDIA REFERENCE - MAILAND

© 1999 *La Spiga languages* - MAILAND

VERTRIEB MEDIALIBRI DISTRIBUZIONE S.R.L.

VIA IDRO, 38 - 20132 MAILAND - TEL. 02 27207255 - FAX 02 2567179